'표준'이 시장을 지배한다

표준전쟁에서 이기기 위한 5가지 전략

'표준'이 시장을 지배한다
표준전쟁에서 이기기 위한 5가지 전략

2009년 12월 4일 초판 1쇄 발행
2012년 8월 3일 초판 2쇄 발행

지은이 | 강병구
펴낸곳 | 삼성경제연구소
펴낸이 | 정기영
출판등록 | 제302-1991-000066호
등록일자 | 1991년 10월 12일
주　　소 | 서울시 서초구 서초2동 1321-15 삼성생명 서초타워 30층
　　　　　전화 3780-8153(기획), 3780-8084(마케팅)
　　　　　팩스 3780-8152
　　　　　http://www.seri.org　　seribook@seri.org

ISBN | 978-89-7633-408-4　04320
　　　 978-89-7633-211-0(세트)

- 저자와의 협의에 의해 인지는 붙이지 않습니다.
- 가격은 뒤표지에 있습니다.
- 잘못된 책은 바꾸어 드립니다.

삼성경제연구소 도서정보는 이렇게도 보실 수 있습니다.
인터넷 홈페이지에서 → SERI 북 → SERI 연구에세이

SERI 연구에세이
103

'표준'이 시장을 지배한다

표준전쟁에서 이기기 위한 5가지 전략

강병구 지음

삼성경제연구소

프롤로그
더욱 중요해진 '표준'

우리가 '표준'의 중요성에 관심을 기울이기 시작한 것은 그리 오래되지 않았다. 보통 표준이라고 하면 누구나 공짜로 사용할 수 있는 규격 정도로 이해한다. 그리고 한국기업들은 그동안 표준을 쫓아가는 쪽이었지 주도하는 쪽이 아니었기에 당연히 표준에 관심을 기울일 필요가 없다고 생각해왔다. 또 시장에서 표준이 어떤 의미를 가지고 있는가에 대한 이해도 부족했다.

먼저 한국의 국가 표준인 KS를 보자. 초창기 KS는 일본 공업 규격인 JIS의 영향에서 벗어나지 못했다. 오죽하면 우스갯소리로 초창기 KS는 활자로 조판을 해 책자를 인쇄해주는 식자공 할아버지들이 만들었다고 했겠는가? 당시 식자공은 일제 강점기 시절부터 일을 해왔기 때문에 일본어에 능통했다. 따라서 예산이 부족한 한국정부가 이들에게 일본어로 되어 있는 JIS를 번역까지 부탁해 인쇄하도록 함으로써 예산을 절감했다는 농담이 나온 것이다.

KS의 필요성을 인식하고 이를 제정하고자 했던 초기에는 한국이 기술력도 충분하지 못했고 예산도 매우 부족한 상황이었다. 이때 가장 간편한 표준 제정 방식은 앞선 국가의 규격을 가져오는 것이었고, 가까운 일본이 가장 좋은 대상이었다. 이런 식의 표준 복사가 가능했던 것은 국내 규격에서조차 한국은 주도한 것이 아니라 쫓아가는 상태였기 때문이었다. 물론 오늘날에는 이런 일을 상상조차 할 수 없을 정도로 기술력을 확보하고 있다(국가 예산이 충분히 갖추어져 있다고 하기는 좀 어려울 것 같다).

그러나 '공적 표준(de-jure standard)'을 제정하는 국제표준화기구(ISO: International Organization for Standardization)나 국제전기기술위원회(IEC: International Electrotechnical Commission) 등과 같은 국제기구의 표준으로 오게 되면, 이런 상황은 오늘날에 와서도 크게 개선되지 않고 있다. 물론 이들 기구에서 새로운 표준을 제정하는 기술위원회, 소위원회, 작업반 등의 의장이나 간사 등으로 활동하는 한국의 전문가들은 2000년 초반 4명에 불과하던 것에 비해 2008년에는 약 80명으로 엄청나게 늘어나 상황이 크게 나아졌다. 그러나 JIS 규격 중 국제 표준에 반영되지 않은 것을 발굴해 국제 표준화시킨 일본의 경우와 비교하면, 한국의 기술이 국제 표준으로 지정된 경우는 매우 미미하다고 하겠다. 그러다 보니 한국기업들은 정보통신 등과 같은 몇몇 특정 분야를 제외하고는 여전히 국제 표준을 뒤쫓아가고 있다. 즉 한국기업이 공적 기구의 국제 표준을 주도하고, 이를 통해 기업 경쟁력을 확보하는 경우는 극히 드문 현상이 되고 있다.

더군다나 한국기업의 기술이 글로벌 제품 시장에서 치열한 경쟁을 통해 '사실상 표준(de-facto standard)'으로 정착한 경우는 거의 없다. 과거 PC 시장에서 IBM의 PC 기술이 애플 컴퓨터와의 치열한 경쟁을 통해 시장의 사실상 표준으로 정착하고 VCR 시장에서 마쓰시타의 VHS 방식 기술이 소니의 베타 방식을 물리치고 세계 시장의 표준이 되었던 것과 같이, 글로벌 시장에서 한국의 제품 기술이 다른 나라 기술과 경쟁해 승리함으로써 시장을 지배하는 사실상의 표준이 된 경우는 아직까지 없다는 것이다.

　세계무역기구(WTO)의 출범과 정보기술의 발달은 세계 경제를 단일권으로 만들고 있다. 표준은 단일화된 시장에 큰 영향을 미친다. 시장의 표준을 장악한 기업들의 이익은 시장의 규모와 이들 기업이 표준을 통해 행사하는 시장에서의 영향력에 의해 큰 영향을 받는다. 글로벌화로 단일화된 세계 시장의 규모가 이전에 비해 엄청나게 커지면서 시장에서의 표준 선점은 과거와 비교할 수 없을 정도로 매우 큰 이익을 기업에 주고 있다. 그에 따라 오늘날 많은 선진기업들은 표준전쟁에 더 많은 관심을 기울이고 전략적으로 행동하고 있다.

　이제 일부 한국기업들도 표준의 중요성을 인식하기 시작했다. 한국정부도 한국기술을 국제 표준으로 만드는 일의 중요성을 인식하고 적극적으로 지원하고 있다. 기술을 선도하는 선진국 기업들은 표준의 중요성을 충분히 인식해 전략적으로 표준화를 추진하고 있다. 동시에 선진국의 표준화 주변 기업들도 이들 선도 기업의 표준화 동향에 전략적으로 대응하고 있다. 그러나 현재 한국의 표준에 대한 접근은 그 중요성에 비추어볼 때 그다지 전략적이지 못하다. 표준에 대해 충분히 이해하고 표준화 전략에 체계적으로 접근하는 일은 한국기업의 글로벌 경쟁력을 강화하는 데 매우 중요하다.

이 책은 기본적으로 사례 중심으로 설명하고 있으며 크게 네 부분으로 나뉜다. 먼저 제1부에서는 표준이 된다는 것이 어떤 의미를 가지는지 시장의 관점에서 설명했다. 이를 통해 기업의 관점에서 자사가 표준을 주도한다는 게 어떤 의미를 가지는지 이해할 수 있을 것이다.

제2부에서는 표준화를 추진할 때 전략적 접근이 왜 필요한 것인가를 사례 중심으로 설명했다. 양날의 칼과 같은 표준화의 특성을 설명함으로써 기업이 표준전쟁을 할 때 왜 전략적으로 접근해야 하는지 이해의 폭을 넓히는 게 목적이다.

제3부에서는 표준전쟁에서 이기기 위한 5가지 전략을 구체적인 사례를 들어 소개했다. 물론 모든 표준화 전략을 이 5가지로 설명할 수는 없다. 그러나 적어도 이 전략들은 표준화 전략의 기본이 되는 것으로, 많은 표준화 전략들이 이로부터 파생된다고 할 수 있다.

마지막으로 제4부에서는 지식재산권, 특히 필수특허를 표준 전략에 어떻게 접목할 것인지 사례를 통해 설명했다. 특허와 표준의 관계를 이해함으로써 기업이 자사의 특허권을 어떻게 활용할 수 있는가를 보여주고 있다.

언제나 그렇듯이 자그마한 책 하나를 완성하는 데에도 여러 사람의 도움을 받게 된다. 먼저 한국기업이 표준에 대해 전략적으로 접근해야 한다는 것을 인식하고 필자에게 이런 기회를 제공해준 삼성경제연구소에 감사의 말씀을 전한다. 그리고 책의 완성도를 높이기 위해 책의 구성 등 편집에 애를 써준 삼성경제연구소 출판팀과 이유경 에디터에게 감사드린다.

필요한 자료를 수집해 정리하고 그림으로 만들어준 고려대학교 대학원 디지털경영학과 석사과정의 이한원 군에게도 고마움을 전한다. 마지막으로 원고를 처음부터 꼼꼼히 읽어 장문의 문장을 읽기 쉬운 단문으로 바꾸도록 조언하고, 질문을 통해 논리의 공백을 확인함으로써 내용의 가독성을 높일 수 있도록 많은 도움을 준 고려대학교 대학원 디지털경영학과의 이지연 선생께도 심심한 감사의 말씀을 드린다. 사족이지만 이 책의 모든 오류는 필자의 책임이다.

2009년 12월

강병구

차례

프롤로그 : 더욱 중요해진 '표준' 5

1 '표준이 된다'는 것은…… 15
- 01 '게임의 규칙'으로서의 표준 19
- 02 '시장 지배자'로서의 표준 26
- 03 '시장 확대 도구'로서의 표준 37
- 04 '네트워크 효과'로서의 표준 41
- 05 '기술 융복합화의 윤활유'로서의 표준 48
- 재미있는 표준 이야기 ① 53

2 표준화에도 전략이 필요하다 55
- 01 표준화의 전략적 목적을 어떻게 이해할 것인가? 59
- 02 오해 1 시장만 확대하면 된다? 66
- 03 오해 2 주도하는 자가 성공한다? 72
- 04 오해 3 경쟁 표준은 무조건 꺾는 게 최선이다? 79
- 재미있는 표준 이야기 ② 88
- 재미있는 표준 이야기 ③ 89

3 표준전쟁에서 이기기 위한 5가지 전략 — 91
- 01 여럿이서 힘 합치기 — 96
- 02 숨어서 표준 영역 확대하기 — 104
- 03 움직이는 과녁 되기 — 112
- 04 인터페이스 표준을 활용해 독자 기술 살리기 — 122
- 05 부품에 의한 플랫폼 구축하기 — 126
- 재미있는 표준 이야기 ④ — 131

4 표준과 특허 — 133
- 01 필수특허, 어떻게 활용할 것인가? — 137
- 02 필수특허 전략은 기업에 어떤 영향을 미치는가? — 140
- 03 특허와 표준화, 어떻게 절충할 것인가? — 145
- 재미있는 표준 이야기 ⑤ — 148

에필로그 : 문제는 비즈니스 모델이다 149
참고문헌 154

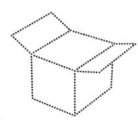

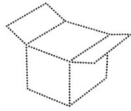

1

'표준이 된다'는 것은……

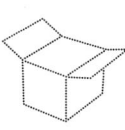

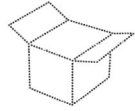

몇 년 전 삼성이 중요한 광고 카피로 사용했던 '삼성이 만들면 표준이 됩니다'라는 문구를 기억한다. 이 광고 카피는 '표준'을 주도하는 것이 그 기업의 경쟁력을 보여주는 것이며, 소비자들도 안심하고 그 기업의 제품을 구입할 수 있음을 잘 전하고 있다. 그런 뜻에서 이 광고 카피는 오늘날의 산업 환경에서 표준이 의미하는 바를 매우 간결하게 함축하고 있다.

오늘날 기술과 관련된 산업 환경의 중요한 요인은 '혁신'이다. 혁신적인 기술과 그 기술을 이용한 제품은 과거의 기술이나 제품과는 확연히 차별화된다. 그러나 이러한 제품이나 기술이 항상 시장에서 성공하는 것은 아니다. 특히 동일한 제품에 서로 다른 혁신적 기술이 적용되면 이들은 시장에서 치열한 경쟁을 해야 한다. 그 결과 승리한 기술이 곧

'표준'이 된다.

  시장에서 승리했다는 것은 그 기술이 대다수 소비자들에게 환영받는다는 뜻이며, 당분간 그 기술이 시장을 지배할 것임을 의미한다. 그런 의미에서 '표준이 된다'는 표현은 시장 지배력을 소비자에게 과시하는 매우 좋은 광고 카피라 하겠다. 그러나 '표준'이라는 것은 경쟁의 결과물이고, 표준이 정해지기까지의 과정인 '표준화'는 매우 많은 요인들이 복합적으로 작용해 이루어진다. 따라서 기업들은 표준을 선점하고 주도하기 위한 전략적 행위를 필요로 한다.

  대부분 어떤 결과물이 나오기까지의 과정은 매우 복잡하다. 예를 들어, 2005년 11월 부산 누리마루에서 열렸던 아시아태평양경제협력체(APEC) 정상회의에서 매우 간단해 보이는 선언문이 채택되기까지 한국에서는 2005년 내내 이와 관련된 회의가 있었다. 그 과정에 대한 충분한 이해가 없다면 정상들의 선언문이 무엇을 의미하는지 정확하게 이해하기는 힘들다.

  표준도 마찬가지다. 시장에서 서로 다른 기술들이 치열히 경쟁하여 표준이 결정되는 경우도 있고, 시장에 제품이 나오기 전에 이해 당사자들이 합의해 표준을 정하는 경우도 있다. 시장 경쟁으로 표준이 정해지면 이해 당사자들의 출혈이 너무 크기 때문에 합의 끝에 표준을 정하기도 한다. 어떤 경우든 표준은 결과물로서 나오는 것인데, 그 과정인 표준화에 대해 충분히 이해하지 못한다면 기업의 경쟁력 강화를 위한 도구로 표준화를 활용하기는 어려울 것이다.

일반적으로 기술이 뛰어나면 시장에서 소비자의 선택을 받을 것이라고 생각한다. 그러나 실제로 소비자들은 기술 그 자체보다는 해당 기술이 사용된 제품을 다른 소비자들이 얼마나 많이 구매했는지, 해당 제품을 생산하는 기업들이 향후 얼마나 지속적으로 그 기술을 업그레이드시켜줄 것인지, 보완재가 필요한 제품이라면 보완재 시장은 얼마나 풍부한지 등등을 고려해 제품을 선택한다. 이러한 요인들에 대한 접근은 기술적 요인 이상의 것으로, 매우 다양한 전략적 선택을 요구한다. 여기에서는 먼저 '표준'이 된다는 것이 무엇을 의미하는지를 살펴보고자 한다.

01

'게임의 규칙'으로서의 표준

승자와 패자를 가르는 게임의 규칙

표준이 왜 중요하냐는 질문에 대한 답은 매우 다양하게 나타날 수 있다. 그중에서 먼저 언급할 수 있는 것이 표준은 표준이 이루어진 해당 영역에 대한 '게임의 규칙'이기 때문에 그 규칙을 주도하는 기업이나 집단이 자연스럽게 경쟁력을 선점할 수 있다는 것이다. 《손자병법》에서도 전투는 '이길 수 있는 곳에서 해야 한다'고 했다. 충분한 병력과 자원 없이 지형적으로 불리한 곳에서 전투를 하면 절대로 이길 수 없다. 이길 수 있는 곳에서 전투를 하라는 의미는 전투의 규칙을 스스로 만들어 유리한 입장에서 전투를 수행하라는 것이다.

옛날 우화 중에 바람과 태양이 지나가는 나그네의 외투를 누가 먼저 벗기는지 내기를 한 끝에 태양이 이겼다는 이야기가 있다. 그런데 그 내기의 규칙이 나그네의 외투를 벗기는 것이 아니라 나그네가 외투를 더욱 단단히 입도록 하는 것이었다면 과연 누가 이겼을까? 분명 바람이 태양을 압도했을 것이다. 이와 같이 게임의 규칙이 어떻게 정해지느냐에 따라 승자와 패자의 운명은 바뀔 수 있다.

그런 의미에서 게임의 규칙을 정하는 표준 제정에 자사의 입장이 충분히 반영되도록 하는 게 경쟁력을 확보하는 첫걸음일 것이다. 물론 뒤에서 언급하겠지만, 게임의 규칙이 자사에 유리하다고 하여 무조건 시장에서 수익을 올릴 수 있다고 생각해서는 곤란하다. 자사의 비즈니스 모델이 그 뒤를 따라주어야 한다. 이것은 마치 지형적으로 유리한 곳에서 전투를 하더라도 뛰어난 장군과 그에 따른 우수한 전략 및 용맹한 병사 없이는 승리할 수 없는 것과 같은 이치라고 할 수 있다.

개인용 컴퓨터(PC) 산업의 진화는 초기에는 하드웨어 중심이었으나, 1980년대 중후반 이후 운영체제와 마이크로프로세서 중심으로 변화되었다(이에 대한 상세한 내용은 뒤에서 다룰 것이다). 이 분야에서 독보적 위치에 있는 마이크로소프트(MS)와 인텔은 단순히 기술 혁신을 통해 성공했다기보다는 자신들의 서비스와 제품을 산업계를 지배하는 사실상의 표준이 되도록 하고, 자사의 기술을 지식재산권 등으로 보호하고 있다. 즉 MS의 운영체제인 윈도나 인텔의 마이크로프로세서는 적절한 비용을 치르고 경쟁을 벌이면 언젠가 따라잡을 수 있는 단순히 우수한 제품을 넘어서 지난 수십 년간 PC 산업에 진출하려는 모든 기업들이 받아들여야 하는 '게임의 규칙'이자 '구조적 제약'이 되었다.[1] 이러한 게임의 규칙을 지배하고 있는 기업은 타사와의 경쟁에서 명백히 유리한 입장에 있다. 물론 이들 기업은 표준의 상악 이외에도 자사의 경쟁적 위치를 지속적으로 유지하기 위해 다양한 노력을 기울이고 있다.

기술의 우위에도 불구하고 표준 선점에 실패한 소니

게임의 규칙을 장악하기 위한 표준 분야의 경쟁은 기술의 세계 표준 장악을 위한 '기술 경쟁'의 형태를 띠게 된다. 특히 정보 산업에서의 기술 경쟁은 기술 개발이나 제품의 성능 개선보다는 기술 표준의 선점을 통해 이루어지는 경우가 많다. 오래전 VCR(Video Cassette Recorder) 시장에서 벌어졌던 소니 중심의 베타(Beta) 방식과 마쓰시타(현 파나소닉) 중심의 VHS(Video Home System) 방식 간의 전쟁은 기술적으로 우수하지 않은 제품이라도 표준 선점을 통해 게임의 규칙을 확보한 기업이 시장 경쟁에서 승리한다는 것을 보여주는 재미있는 사례이다.

가정용 VCR 시장의 표준화 전쟁은 1975년 베타 방식의 세

---

1 김상배 (2007). 《정보화시대의 표준경쟁》. 한울아카데미.

품을 먼저 시장에 선보인 소니와 그 이듬해 VHS 방식의 제품을 내놓은 마쓰시타 간의 경쟁으로 설명된다. 우수한 기술로 시장을 선점하고 시장 형성 초기에 높은 시장 점유율로 많은 이익을 내던 베타 방식이 1980년대에 접어들면서 기술적으로 뒤떨어지던 VHS 방식에 밀리기 시작했다. 결국, 1980년대 말 소니는 공식적으로 베타 방식 VCR의 생산을 중단하게 되었다. 이는 소니가 공식적으로 자체 기술을 포기한 첫 번째 사건으로, 그 과정을 살펴보는 것은 표준화 전략에 많은 시사점을 주고 있다.

VCR의 모태는 1950년대 중반 미국 캘리포니아에 위치한 중소기업 암펙스(Ampex)가 개발한 방송용 비디오기기라고 할 수 있다. 1950년대 말에 이르러 소니, 마쓰시타, JVC 등 많은 일본기업들이 이 기기를 개선할 수 있는 기술 개발을 시도한 끝에 1970년대 소니의 유매틱(U-Matic)이 등장했다. 그러나 유매틱은 가정에 보급되기에는 크기나 가격 면에서 아직 부족한 점이 많았다.

이들 기업은 서로 호환성 있는 기기를 추구하지 않았지만, 소비자 입장에서는 단일 표준에 의한 기기가 여러모로 유리했다. 그러나 과거 TV 시장에서 RCA가 수립한 산업계 표준을 따르지 않고 독자적으로 트리니트론(Trinitron)을 개발해 성공한 소니는 이미 유매틱 기술을 확보하고 있는 상황에서 다른 기업과 함께 새로운 표준을 만드는 것을 탐탁지 않게 생각했다. 그에 따라 1975년 지난 20년간의 경험을 바탕으로 베타 방식의 가정용 VCR을 선보였다. 반면, 마쓰시타를 중심으로 한 다수의 일본, 미국, 유럽의 기업들은 VHS 방식의 가정용 VCR을 출시했다. 이들 두 방식을 이용한 기기는 서로 호환성이 없었기 때문에 시장의 표준이 되기 위해 치열한 경쟁을 벌이기 시작했다.

가정용 VCR의 표준화 전쟁에 영향을 미치는 중요한 참여자는 크게 3가지로 나눌 수 있다. 먼저 VCR 표준을 갖고 다투는 기술 선도 업체로, 소니와 마쓰시타가 그 대표라고 할 수 있다. 다음은 베타와 VHS 방식 중 하나를 선택해 제품 생산을 할 다른 가전업체들로, 여기에는 일본, 미국, 유럽 등의 업체가 있다. 한국은 뒤늦게 생산에 참여한 경우로, VCR 표준화 전쟁에 큰 영향을 미치지는 못했다. 마지막으로 VCR은 중요한 보완재를 필요로 한다. VCR을 구입하는 이유는 미리 녹화된 영화를 보기 위해서이다. 이 경우 VCR의 중요한 보완재는 영화이며, 따라서 세 번째 참여자는 영화 보급업자가 된다.

소니는 그 기술력에서 타의 추종을 불허해왔다. 베타 방식의 VCR 기기가 나오기 전의 실적만 보더라도 일본 최초로 오디오테이프리코더(1950), 방송용 스테레오 오디오 시스템(1952), 트랜지스터라디오(1955), 트랜지스터비디오테이프리코더(1958), 트랜지스터텔레비전(1959) 등을 개발했다. 그리고 베타 방식은 화질 면에서 명백히 VHS보다 우위에 있었다. 나중에 소니가 가정용 VCR 시장에서 베타 방식을 포기한 후에도 방송국에서는 VHS 방식이 아닌 베타 방식을 사용한 것은 이와 같은 소니의 기술 우위를 보여주는 증거라 할 수 있다. 따라서 소니의 기술자들과 경영진은 자사의 기술을 다른 제조업체와 공유하거나 주문자상표부착(OEM) 방식으로 생산하는 것에 미온적이었다. 반면, 마쓰시타는 자사의 관련 기술을 상당히 저렴한 로열티만 받고 매우 적극적으로 다른 가전업체에 이전했다. 또한 소니와는 명백히 다른 방식으로 이들 업체와 매우 우호적인 관계를 유지했다.

그리고 소니의 베타 방식은 초기에는 녹화 시간이 1시간에 불과했다. 이는 영화 보급업자에게는 VHS 방식의 2시간 녹화 시간보다 심각한 장애 요소였고, 뒤늦게 소니는 이러한 문제점을 인식하고 해결하기 위해 노력했다. 또한 미국 시장의 소비자들은 미식축구를 녹화하고 싶어 했는데, 대부분의 미식축구는 순수 경기 시간은 1시간이지만 광고와 휴식 및 작전 시간 등을 고려하면 3, 4시간 정도 걸렸다. 특히 슈퍼볼(Super Bowl)의 경우에는 그 이상의 시간이 필요해 베타 방식으로는 녹화하기 어려웠고 VHS를 이용할 수밖에 없었다.

전 세계 시장을 대상으로 하는 VCR의 경우, 그 수요를 충족시켜줄 수 있는 생산 시설과 유통 경로를 확보하는 것이 매우 중요하다. 그런 면에서 소니는 과거와 똑같이 '기술의 소니'라는 관념에 집착해 적절한 전략을 세우지 못한 반면, 마쓰시타는 적극적인 라이선스 전략과 자사의 엄청난 대량 생산 경험을 활용해[2] 생산 기반에서 소니를 압도했다. 또한 중요한 보완재인 영화 산업의 요구를 적극적으로 반영해 VCR 구매자들이 구입한 제품이 효용을 극대화할 수 있도록 했다. 이에 따라 VHS 제품이 시장을 덮기 시작했고, 많은 영화들이 베타 방식보다는 VHS 방식으로 녹화되었다. 따라서 소비자들은 시장에서 VCR을 구입할 때 베타 방식보다는 VHS 방식을 선호하게 되었고, 자연스럽게 VCR의 표준은 VHS 방식으로 결정되었다.

이와 같이 표준은 게임의 규칙을 정하고, 그 규칙을 선점한 기업이 유리한 입지를 차지하게 된다. 이와 비슷한 경우로 IBM과 애플의 컴퓨터 시장 경쟁을 들 수 있다. IBM은 애플보다 기술적으로 우수하지는 않지만 사실상 PC 시장의 표준을 장악해 승리했다. 이외에도 이동통신 분야에서의 동기식과 비동기식의 경쟁, HDTV에서의 미국 방식과 유럽 방식의 경쟁 등은 기술의 우열이 아닌 표준을 선점해 게임의 규칙을 누가 확보하느냐에 의해 승패가 좌우된다는 사실을 잘 보여주고 있다.

---

2 1978년 기준으로 마쓰시타의 VCR 생산 용량은 다른 일본 VCR 제조업자들의 생산 용량을 모두 합친 것보다 컸다.

02

'시장 지배자'로서의 표준

시장 형성과 시장 지배자

'표준전쟁'은 '시장 지배자(dominant design)'[3]가 되기 위해 서로 경쟁하는 기술들이 벌이는 치열한 경쟁이다. 시장 지배자가 되면 기업에 여러 가지 이득을 줄 수 있기 때문에 기업은 매우 다양한 방법으로 시장 지배자가 되기 위한 전략을 펼친다. 그리고 시장 지배자가 일찍 결정될수록 소비자에게 유리한 면도 있다. 소비자가 초기 시장에서 어느 한 기술을 과감히 선택했는데 그 기술이 나중에 시장 지배자 경쟁에서 탈락하면, 소비자는 조기 선택에 따른 매우 비싼 대가를 치러야 한다.

시장이 형성되기 시작하는 시점에서 시장 지배자가 정해

---

[3] 여기에서 '시장 지배자'란 시장에서 지배적으로 사용되는 기술이나 사양 등 제품의 특성을 총칭하는 것이다.

지는 것은 매우 중요한 사건이다. 다음의 포드자동차 모델 T 사례는 시장 지배자가 정해지면 기업뿐만 아니라 소비자들도 많은 이익을 얻을 수 있음을 보여준다.

> 초기 자동차 시장을 보게 되면 우리는 먼저 포드자동차의 모델 T를 생각한다. 그러나 모델 T 이전에도 자동차는 있었다. 다만, 대량 생산되지 않고 매우 소규모로 제작, 생산되어 소수의 한정된 사람들만이 구매할 수 있었을 뿐이다. 이때의 자동차는 그 모양이 제각각이었다. 그러나 모델 T가 뛰어난 성능과 저렴한 가격으로 시장을 지배하게 되자 그 이후에 나타난 자동차들은 기본적으로 모델 T를 닮게 되었다. 즉 모델 T 이후의 자동차들은 동력 장치, 동력 전달 장치, 조향 장치 등 기본적 속성이 동일했고, 다만 색상이나 내장재 등과 같은 세세한 부분에서만 차이를 보였다. 이를 통해 소비자들은 자동차의 성능은 차이가 있겠지만 기본적인 속성은 동일함을 인식할 수 있었다. 이와 같이 시장 지배자는 제품의 정체성과 핵심적 기능을 규정하고, 다른 업체들도 이를 쫓아오고 있다는 면에서 '표준과 개념을 같이하고 있다.[4]

시장이 형성되는 과정에서 시장 지배자가 등장하면 표준화된 제품 사양으로 인해 규모의 경제를 달성할 수 있다. 이는 생산 원가를 낮추어 시장이 성장하는 데 많은 긍정적 영향을 준다. 자동차의 경우 1909년 모델 T의 가격은 850달러

---

4 마르키데스, 콘스탄티노스 & 게로스키, 폴 (2005). 《Fast Second : 신시장을 지배하는 재빠른 2등 전략》 (김재문 역). 리더스북.

였는데(당시 경쟁사의 가격은 수천 달러 수준이었다), 1916년에는 360달러까지 떨어졌다. 이와 같은 가격 하락 덕분에 자동차의 대중화와 급격한 산업 성장이 가능해졌다. 또한 포드자동차는 이후 자동차 시장에서 벌어진 극심한 경쟁에서도 모델 T를 이용해 상당 기간 경쟁 우위를 점할 수 있었다.

과거의 시장 지배자는 기술적 우수성에 더 많은 비중을 두었다. 그러나 오늘날의 시장 지배자는 산업계의 표준이 되는 데 더 많은 비중을 두고 있으며, 산업계의 표준은 꼭 기술적 우수성만으로 결정되는 것은 아니다.

타자기가 처음 발명되었을 때를 생각해보자. 초창기 영문 타자기는 일반적으로 대문자만 칠 수 있었다. 소문자나 숫자 등을 치는 것은 매우 특별한 기능으로 회사마다, 또 모델에 따라 다른 방식으로 처리했다. 또한 초창기 타자기는 종이가 기계 내부에 있어 어떤 글자가 찍히는지를 타이핑하면서 확인할 수 없었다. 보면서 타이핑을 할 수 있는 타자기는 몇몇 모델에 한정되어 있었다. 그 후 1906년에 이르러 이런 기능들을 종합해 'Underwood Model 5'라는 이름으로 오늘날 우리가 알고 있는 타자기가 시장에 나왔고 시장 지배자가 되었다. 이 경우 명백한 사실은 우수한 기능과 기술을 가진 타자기가 시장 지배자가 되었다는 점이다. 그러나 다음 사례에서 보게 되는 PC 산업계의 시장 지배자가 되는 과정—혹은 표준전쟁에서 승리하는 과정—은 타자기 사례와는 확연한 차이를 보이고 있다.

최초로 상업용으로 판매된 PC는 1975년에 나온 '앨테어(Altaire) 8800'이다. 그러나 이 PC는 구매자가 직접 조립해야 하는 마니아들을 위한 제품으로 일반 소비자 시장에서는 성공을 거두지 못했다. 그 후 잘 알다시피 애플 컴퓨터와 IBM-PC가 1980년대 초반 시장에서 치열히 경쟁하게 된다. 애플은 1970년대 후반 애플 II를 시장에 선보였다. 당시로서는 매우 우수한 사양을 지닌 기기였으나, 애플은 자사의 기술 공개를 거부하고 자신들만이 애플 컴퓨터를 생산하기로 했다. 반면, 1980년대 초반 IBM-PC를 시장에 내놓은 IBM은 자사의 컴퓨터 기반 구조에 대한 기술을 공개해 많은 호환업체들이 IBM-PC와 호환되는 컴퓨터를 조립할 수 있게 했다. 이에 따라 1980년대 초반의 PC 시장은 애플 컴퓨터와 탠디(Tandy) 컴퓨터, IBM-PC의 경쟁 구도를 형성했으나, 탠디 컴퓨터는 일찍 시장에서 사라지고 애플 컴퓨터와 IBM-PC의 경쟁이 주를 이루게 되었다.

IBM-PC가 애플 컴퓨터와 달리 기술을 공개하자 이와 호환되는 컴퓨터들이 시장을 압도하게 되었고, 많은 소프트웨어 업자들이 IBM-PC에서 사용될 수 있는 응용 프로그램을 개발하기 시작했다. 이에 따라 대다수 SI(System Integrator) 업체들이 IBM-PC를 채택하고, 자연스럽게 IBM-PC는 시장 지배자의 위치를 차지하게 되었다.

시장의 니즈(needs) 변화와 새로운 시장 지배자의 등장

IBM은 기술을 공개해 자사 기술의 시장 지배 및 자사 제품의 시장 확대라는 전략을 펼쳤다. 이와 같은 전략으로 IBM의 PC 시장 점유율은 독점적으로 시장을 운영할 때보다는 낮았지만, 엄청나게 성장한 시장 규모 덕분에 수익은 기술을 공개하지 않은 경우보다 훨씬 높았다.

IBM의 전략은 초기에는 매우 성공적으로 보였다. 그러나 호환 기종 제조업자들의 기술력이 나아지면서 시장에서 IBM-PC에 대한 선호도가 떨어지게 되었다. 예를 들어, 호환 기종으로 출발한 컴팩 컴퓨터의 경우 1980년대 중반에 이르러서는 판매 가격이 IBM-PC보다 높았으나 시장에서의 호응도는 더 좋았다. 특히 IBM은 하드웨어와 운영 시스템을 연결하는 ROM-BIOS(Read Only Memory-Basic Input/Output System) 칩에 대한 기술 보호를 제대로 하지 못해 시장에서 어려움을 겪고 있었다.

1980년대 중반 인텔은 80386 프로세서를 시장에 공급하고 있었다. 당시 PC 사용자들은 여러 개의 응용 프로그램을 동시에 실행시켜 다양한 작업을 편리하게 하지 못하는 게 큰 불만이었다. 당시의 PC 운영체제인 DOS는 한 번에 하나의 프로그램만 실행할 수 있었다. 워드프로세서를 사용해 기업

분석 보고서를 작성하고 있는 사용자가 데이터베이스 자료를 찾아 보고서에 끼워 넣으려면, 워드프로세서 프로그램을 종료하고 데이터베이스 프로그램을 운영시켜 필요한 자료를 찾아야 했다. 그런 후 데이터베이스 프로그램을 종료하고 다시 워드프로세서 프로그램을 운영시켜야만 찾은 데이터를 보고서에 넣을 수 있었다.

이와 같은 문제점을 없애기 위해 당시 주요 소프트웨어 업체인 로터스(Lotus)와 애시튼테이트(Ashton Tate)는 각각 심포니(Symphony)와 프레임워크(Framework)라는 방대한 소프트웨어를 선보였다. 로터스는 당시 스프레드시트의 대명사인 로터스 1-2-3을, 애시튼테이트는 PC용 데이터베이스 관리 시스템의 대명사인 dBASE를 갖고 있었다.

심포니와 프레임워크는 일반 PC 사용자들이 필요로 하는 프로그램들을 하나로 통합한 것으로 워드프로세서, 스프레드시트, 그래픽, 데이터베이스 기능을 모두 갖추고 있었다. 그런데도 사용자의 외면을 받은 까닭은 먼저 당시의 하드웨어는 이렇게 방대한 프로그램을 신속하게 처리할 수 없었기 때문이었다. 필자의 경험으로도 그때 심포니나 프레임워크의 명령(예를 들어, 스프레드시트의 간단한 명령)을 하나 수행하려고 하면 적어도 2, 3초의 반응 시간이 필요했다. 또 다른 이유는 이들 통합화된 기능들이 개별 전문 소프트웨어에 비해 뒤떨어졌기 때문이었다. 예를 들어, 이들 프로그램이 제공하는 워드프로세서 기능은 전문 소프트웨어인 워드퍼펙트(WordPerfect)에 비해 많이 부족했다. 이런 이유들 때문에 대다수 사용자들의 불만은 매우 높아져가고 있었다.

IBM은 하드웨어에서 기술적 리더십을 계속적으로 유지하지 못하고 시장 점유율도 계속 떨어지고 있었기 때문에 이 상황을 반전시켜야만 했다. 이에 대한 시도로 1987년 마이크로 아키텍처라는 하드웨어 아키텍처를 새롭게 개발하여 PS/2(Personal System 2)라는 이름으로 선보였고, 동시에 MS-DOS에 대항할 수 있는 새로운 운영체제 OS/2를 제시했다.

IBM은 초기 PC를 개발할 때 자사의 운영체제로 PC-DOS를 개발했으나, 이에 대한 업데이트 등에서의 운영상 문제점들 때문에 MS의 빌 게이츠에게 PC용 DOS를 공급할 수 있는 권한을 이양했다. PC 시장이 성장함에 따라 IBM이 예상하지 못할 정도로 운영체제를 가지고 있는 MS의 영향력은 막대해졌고 DOS를 통한 이익도 커졌기 때문에 이에 대한 대응도 필요했다.

그러나 IBM이 PS/2와 OS/2를 도입한다는 것은 호환 기종 제조업자들이 새로운 아키텍처를 쫓아가야 한다는 의미였다. 이는 현재의 시장 상황이 다시 IBM 중심으로 옮겨간다는 뜻이고, IBM이 시도한 하드웨어를 통한 문제 해결은 사용자의 불만을 충분히 해소할 수 없다고 판단한 호환 기종 제조업자들은 이를 거부했다. 그리고 기존의 마이크로프로세서가 갖고 있는 능력을 응용 프로그램이 완전히 다 활용하고 있지 않다는 점에서도 새로운 아키텍처를 도입할 이유는 크지 않았다. 이러한 시장 상황으로 인해 새로운 아키텍처 도입 이후 IBM의 주가는 시장에서 급락했고, 몇 년 후 IBM은 공식적으로 PS/2를 포기한다고 선언하게 되었다.

반면, MS는 소비자들이 겪고 있는 불편을 소프트웨어적으로 해결했다. 새로운 운영체제인 윈도는 초기에 DOS 환경에서 운영되던 것으로, 기존의 DOS용 응용 프로그램과 호환성을 유지하면서 윈도의 특징인 '멀티태스킹(multi-tasking)'을 가능하게 했다. DOS 체계와 윈도 체계의 가장 큰 차이인 멀티태스킹은 여러 개의 프로그램을 컴퓨터에서 동시에 실행할 수 있는 것이다. 혁신적 방법을 통한 문제 해결로 컴퓨터 산업 전반에 대한 MS의 영향력이 증대되어 MS는 오늘날의 위치로 발전할 수 있었다.

IBM이 시장 지배자로서 위치를 잡게 된 것은 단순한 기술적 우위 때문이 아니라(실제로 IBM-PC의 성능은 애플이나 다른 호환 기종에 비해 그렇게 우수한 편은 아니다), 전략적 선택 덕분이었다. 그리고 IBM이 시장 지배자의 지위를 놓치게 된 것도 전략적 선택에 의해서였다. 이와 같은 IBM의 성공과 좌절은 기업의 기술이나 제품이 시장의 표준으로 자리매김하고 이를 통해 수익을 창출하는 과정에서 시장 참여자들의 협력을 이끌어내고 이들을 리드할 수 있는 다양한 역량이

● 그림 1-1 IBM의 컴퓨터 시장 점유율 추이

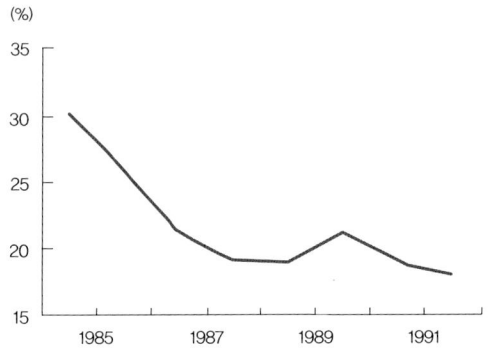

자료 : 한국IBM

필요함을 보여주고 있다. IBM은 애플보다 못한 기술 수준에 대해 기술을 개방해 시장에서 표준이 됨으로써 시장을 확보했다. 이와 같은 전략은 IBM-PC를 시장 지배자로 만들었으나, IBM은 사용자의 새로운 요구에 대응하는 과정에서 과거의 성공 전략을 그대로 답습하다가 시장 지배자로서의 리더십을 잃어버리게 되었다.

IBM의 성쇠는 매출액이나 시장 점유율의 변화를 보면 쉽게 알 수 있다. IBM은 1984년까지 매출액 증가율이 거의 매년 두 자릿수를 유지하고 있었으나, 1987년부터는 증가율이 둔화되고 1991년부터는 매출액이 감소하기 시작했다. 〈그림 1-1〉은 IBM의 컴퓨터 시장 점유율을 보여주고 있는데, 시

● 표 1-1 **시장 개척자와 시장 지배자가 다른 제품군**

산업	시장 개척자	시장 지배자
복사기	제록스, 3M	캐논
포켓용 컴퓨터	애플	팜
온라인 증권	아우프하우저, 시큐리티 APL, 하우반즈 인베스트먼트	찰스 슈왑
휴대용 컴퓨터	애플	IBM
VCR	암펙스	JVC, 소니
온라인 서점	북스닷컴, 찰스 스택, 씨엘북스닷컴	아마존
오토바이	트라이엄프, 할리데이비슨	혼다
35mm 카메라	라이카	캐논, 니콘
전자레인지	태판 스토브	파나소닉, 샤프, 삼성
인터넷 서비스	컴퓨서브	AOL
식품 분쇄기	퀴진아트	블랙앤드데커
면도기	컷스로트 레이저, 오토스탑 세이프티 레이저	질레트
포켓용 계산기	바우마르	텍사스 인스트루먼트
일회용 기저귀	존슨앤드존슨	P&G
팩스	제록스	샤프

자료 : 마르키데스, 콘스탄티노스 & 게로스키, 폴 (2005). 《Fast Second : 신시장을 지배하는 재빠른 2등 전략》 (김재문 역). 리더스북에서 재구성.

장의 리더십을 잃어버린 1980년대 중반 이후 점유율이 급격히 하락하고 있다.

반면에 MS는 산업계의 주변자로 위치하고 있었으나, 산업계의 변환 시점(컴퓨터 산업계의 변환에 대해서는 뒤에서 논의할 것이다)에 시장 참여자의 요구에 부응하는 해결책을 제시해 시장 지배자로서의 위치를 확보하게 된다. 특히 막강한 운영체제 표준 덕분에 게임의 규칙을 정하는 독보적 위치를 유지하고 있다.

시장 지배자의 위치를 확보하게 되면 그 기업은 상당 기간 시장을 개척하고 확립한 최초 진입자의 이점을 누리게 된다. 그런데 여기서 최초 진입자는 누구인가 하는 의문이 생긴다. 단순히 시장에 제품을 처음으로 소개한 기업인가? 아니면 제품의 성격을 소비자에게 각인시키며 시장을 형성한 기업인가? 제품을 시장에 처음 소개한 기업이 시장도 형성했다면 아무런 문제가 없겠지만, 시장을 개척한 기업과 시장의 혼란을 정리하고 통합한 기업은 서로 다른 경우가 많다. 〈표 1-1〉은 시장 개척자와 시장 지배자가 다른 제품군을 보여주고 있다.

이와 같은 사례에서 보듯, 기술력을 갖고 시장 개척자가 되는 것만으로는 시장 지배자가 될 수 없다. 시장 지배자가 되는 것은 시장을 개척하는 것과는 다른 차원으로, 표준화 전략이 요구된다. 이것이 바로 표준화에 기업의 관심을 집중해야 할 중요한 이유이다.

03

'시장 확대 도구'로서의 표준

표준화의 양면성

아직까지 시장에서 제품에 대한 표준이 결정되지 않았다면 서로 다른 기술 사양을 가진 제품들은 시장에서 경쟁하게 된다. 이 경우 소비자들의 선택은 2가지 중 하나이다. 성미가 급하거나 신기술에 대한 호기심으로 가득 찬 소비자라면 여러 기술 중 하나를 선택해 제품을 구입할 것이다. 하지만 이 제품이 나중에 시장의 표준이 되지 못한다면 매몰 비용으로 처리되어야 한다. 그렇지 않은 소비자들은 어느 한 기술이 시장의 표준이 될 때까지 기다릴 것이다. 대부분의 소비자들은 'wait-and-see' 전략에 따라 표준이 결정될 때까지 기다릴 것이고, 따라서 신입의 초기 성장은 어려울 것이다.

표준화는 '단순화'를 추구한다. 기술에서의 표준화는 기술의 단일·고정화를 추구한다. 제품이 표준화되었다는 것은 해당 기술에 대한 공개가 이루어지고, 원하는 기업들은 사용료를 내거나 무료로 그 기술을 사용할 수 있음을 의미한다. 따라서 표준화가 이루어진 제품 시장에서는 많은 기업들이 참여할 수 있다. 또 소비자의 입장에서는 제품의 구매 비용을 절감할 수 있다. 표준화된 기술과 부품 등으로 생산 가격이 낮아지기 때문이다. 또한 표준화로 인해 일정 수준의 품질이 보장되며 장기간에 걸친 제품 지원도 가능할 것이라는 믿음에 소비자는 안심하고 제품을 구입할 수 있다. 이와 같이 표준화는 많은 기업과 소비자의 시장 참여를 유도해 시장을 확대한다.

그러나 이와 같은 시장 확대가 표준화를 주도하는 기업에 항상 좋은 결과를 가져오는 것은 아니다. 기술의 개방 혹은 표준화는 시장 진입자들이 새로이 시장에 진출하는 데 장애가 되는 장벽을 낮추어주며, 이는 필연적으로 경쟁의 심화를 가져온다. 더욱 심각한 문제는 표준화된 영역에서는 차별화가 어렵다는 점이다. 제품의 특정 영역이 표준화되었다는 것은 시장에 참여하는 모든 기업들이 표준화된 영역에서는 동일한 기술과 사양을 써야 한다는 뜻이다. 따라서 해당 영역에서는 기업들이 차별화 전략을 추구하기 어렵다. 표준화 영역에서의 경쟁은 차별화가 아니라 운영상의 효율성을 이용한 비용 우위 경쟁이 될 수밖에 없다. 표준화를 선도하는 기업의 입장에서는 매우 불만스러운 부분이다.

표준화 선도 기업이 표준화된 영역의 기술에 대해 높은 라이선스 비용을 요구하거나, 차별화를 위해 표준화를 시키지 않는다든지 표준화의 영역을 줄이게 되면 참여 기업의 숫자는 줄어든다. 이는 시장 확대 전략에 반하는 것으로, 해당 기업은 컴퓨터 시장이나 VCR 시장 사례의 애플이나 소니처럼 어려움을 겪게 된다.

서로 다른 표준화 전략에 의한 성공과 실패

DVD 시장의 성장은 표준화가 어떻게 시장의 성장을 이끌어 가는지 잘 보여준다(DVD 표준화 과정은 뒤에서 자세히 논의할 것이다). 'DVD 포럼'은 DVD 규격의 보급 촉진과 새로운 표준의 책정을 주요 목적으로 하는 조직이다. 1995년 발족된 'DVD 컨소시엄'을 좀 더 유연한 조직으로 개편한 후 도시바, 소니 등 10개 회사가 참여해 1997년 발족되었으며, 현재 20개국 200개 이상의 기업이 회원으로 활동하고 있다. DVD 포럼은 창립 이후 많은 기업들과 함께 DVD 규격을 공개했고, 공개된 표준 덕분에 신흥공업국 기업들은 완성품 시장에 쉽게 참여할 수 있었다. 그 결과 DVD는 첫 출시된 1997년 이후 5년 동안 약 3억 대가 판매되었고, 지금도 시장 규모는 계속 커지고 있다.

반면, MD(Mini Disk)는 DVD와 다른 표준화 전략으로 말미암아 전혀 다른 운명을 맞게 된다. MD는 소형 음악 재생기로, 소니에서 1991년 개발해 1992년 1월에 출시했다. 그러나 소니를 포함한 일본의 2개 회사와 유럽의 1개 회사만 폐쇄적으로 표준을 이용한 결과, MD 기술의 보급은 극도로 제한되고 주요 부품의 가격은 매우 높아질 수밖에 없었다. 그에 따라 1990년대 일본에서 매우 인기가 있었음에도 불구하고 MD의 전체 생산량은 2,000만 대 이하에 그쳤고, MD 시장은 사라지고 말았다.

표준화 영역의 확대는 시장의 확대를 불러오는 매우 좋은 전략임에 틀림없다. 문제는 표준화를 선도하는 기업이 확대된 시장에서 어떠한 비즈니스 모델을 가지고 수익을 창출하며 시장의 리더십을 지속적으로 유지하느냐에 있다. 이러한 표준화의 양면성 때문에 표준화 선도 기업들은 표준화를 추진할 때 전략적으로 접근해야 한다. DVD 표준의 제정을 선도하는 히타치는 DVD 완성품 생산을 LG전자와의 조인트벤처인 HLDS(Hitachi-LG Data Storage)에 모두 넘기는 대신, DVD 생산에 필수적인 핵심 부품을 HLDS에 판매하고 있다. LG전자는 저비용 대량 생산을 무기로 HLDS에서 DVD 완성품에 대해 책임지고, 히타치로부터 공급받은 핵심 부품을 사용해 DVD 드라이브를 생산하고 있다. 이와 같은 히타치의 비즈니스 모델은 표준화를 선도하는 기업이 표준화를 통해 시장을 확대하고 확대된 시장에서 이익을 창출하기 위한 전략적 접근을 잘 보여주고 있다.

04

'네트워크 효과'로서의 표준

사용자가 많을수록 높아지는 효용가치

표준은 많은 사람들이 동일한 규격의 제품을 사용하도록 만들어준다. 많은 사람들이 내가 사용하고 있는 제품과 같은 규격의 제품을 쓰면 나에게도 많은 이점이 있다. 제품을 새로이 구입하려는 사람도 다른 규격의 제품보다는 다른 사람들이 많이 쓰고 있는 규격의 제품을 사려고 한다. 이것이 '네트워크 효과'이다.

예를 들어, 자동차를 구입한다고 가정해보자. 우리가 선택할 수 있는 자동차의 종류는 매우 많다. 이때 자동차 구입 기준으로 생각할 수 있는 것 중의 하나가 부품을 얼마나 쉽고 싸게 공급받을 수 있으며, 해당 자동차를 수리할 수 있는 기술자가 얼마나 시장에 많이 있느냐이다. 물론 돈이 많은 부자라면 이것은 별로 중요한 기준이 되지 않겠지만, 우리 같은 평범한 사람들은 비싼 외제 차를 구입하지 않는 이유로 "그 차 부품 값이 비싸서"라고 둘러댄다(물론 듣는 사람이 믿지 않는다는 것은 알고 있다). 그러고는 익숙한 브랜드의 국산 자동차를 구입하는데, 우리가 인지하든 인지하지 않든 분명히 네트워크 효과에 의해 영향을 받고 있기 때문이다.

네트워크 효과의 중요성은 정보통신 기기에서 더욱 분명히 나타난다. 네트워크 효과는 네트워크의 규모에 의해 영향을 받는데 대표적인 예가 전화기나 이메일 계정 등이다.[5] 전화기나 이메일 계정은 사용자가 많아질수록 명백히 그 효용가치가 높아져간다.

마찬가지로, 비슷한 효과가 물리적 통신망이 없는 제품 시장에서도 나타난다.[6] 예를 들어, DVD 기기의 유용성은 그 기기에서 실행될 수 있는 DVD 영화가 얼마나 많이 시장에 보급되어 있느냐에 달려 있다. 그리고 DVD 영화를 공급하는 측에서는 호환성이 있는 DVD 기기가 시장에 더 많이 보급될수록 해당 기기에 맞는 영화를 더 많이 공급하고자 한다. 따라서 DVD 기기 사용자는 더 많은 사람들이 호환성 있는 기기를 구매할수록 더 많은 이익을 볼 수 있다. 이와 같은

---

[5] Katz, M. L. & Shapiro, C. (1985). Network Externalities, Competition and Compatibility. *American Economic Review*, 75(3), 424~440.
[6] Schilling, M. A. (2002). Technology Success and Failure in Winner-Take-All Markets: The Impact of Learning Orientation, Timing and Network Externalities. *Academy of Management*, 45(2), 387~398.

경우에는 핵심 제품의 네트워크 효과성이 네트워크의 규모뿐만 아니라 보완재(DVD 영화는 DVD 기기의 보완재)와의 관계에서도 영향을 받는다.

호환성과 보완재에 의한 네트워크 효과

네트워크 효과를 이야기할 때 '호환성'은 매우 중요한 요인이다. 한 제품 시장을 한 회사가 독점적으로 지배하는 경우는 거의 없다. 여러 회사들이 서로 호환성이 없는 다른 사양의 제품을 생산한다면 네트워크 효과는 매우 줄어들게 된다. 이런 면에서 표준은 제품의 호환성을 보장해주고, 제품 사용자에게 더 많은 효용을 줄 수 있다.

제품 호환성은 제품을 디자인할 때 고려해야 할 매우 중요한 요인이다. 핵심 제품과 보완적 성격의 제품이 문제없이 잘 작동하기 위해서는 호환성을 확보해야 한다. 예를 들어, PC의 경우 컴퓨터에서 소프트웨어 및 주변 기기가 문제없이 작동하기 위해서는 이들 간에 호환성이 있어야 한다. 운송업계의 경우 컨테이너를 선박, 기차, 트럭 등에 원활하게 옮겨 싣기 위해서는 컨테이너에 대한 호환성이 있어야 한다. 이동통신 산업계의 경우도 제어기지국과 휴대전화 사이의 호환성을 확보해야 한다.

공통의 기술 표준을 제품 디자인에 지속적으로 적용하면 호환성은 유지된다. PC의 경우 호환성을 유지하는 데 가장 중요한 부분은 중앙처리장치(CPU)와 운영체제라고 할 수 있는데, 이들은 각각 인텔과 MS에 의해 유지되고 있다. 운송업계의 경우 컨테이너의 호환성은 컨테이너 크기와 이동 시 컨테이너 잠금 방식을 공통으로 적용시킴으로써 유지되고 있다. 마찬가지로, 이동통신 시장에서는 제어기지국과 휴대전화 디자인에 공통의 기술 표준을 적용함으로써 호환성을 유지하고 있다.

또한 많은 혁신적인 제품들에서 보완재는 매우 중요한 역할을 하고 있다. DVD 기기의 예에서도 볼 수 있듯, 표준화는 보완재를 통한 핵심 기기 시장의 성장에 필수적이라고 할 수 있다. 보완재를 통한 핵심 기기의 성공을 보여주는 대표적인 사례가 애플의 아이폰(iPhone)이다. 애플은 아이폰에 사용자가 원하는 응용 프로그램을 받을 수 있는 앱스토어(App Store)를 만들었다. 2008년 7월 문을 연 이후 1년이 조금 지난 시점까지 약 5만 개가 넘는 응용 프로그램이 등록되었고, 10억 번의 다운로드라는 경이적인 기록을 세우고 있다. 이는 풍부한 콘텐츠를 지닌 앱스토어로 인해 핵심 기기인 아이폰의 수요가 늘어나고, 이로 인해 더욱 많은 사람들이 자신이 개발한 프로그램을 앱스토어에 등록하고자 하는 네트워크 효과를 보여주고 있다.

이와 비슷한 것이 컴퓨터 하드웨어와 소프트웨어 간의 관계이다. 앞의 IBM 사례에서도 언급했듯이 풍부한 소프트웨어는 하드웨어 선택의 중요한 기준이 된다. 그에 따라 시장에서 소비자들이 많이 구매한 하드웨어는 시장의 표준이 되어 더욱 많은 소프트웨어 개발업자들이 몰려들도록 한다.

이처럼 네트워크 효과는 시장의 대다수 사람들이 동일한 선택을 함으로써 그 선택에 참여한 사람들 모두가 혜택을 받는 것을 말한다. 그러나 이러한 집단적 선택은 쉽게 일어나지 않는다. 우리는 경험상 세 사람 이상이 모여 의견 일치를 보는 것이 얼마나 어려운지를 잘 알고 있다. 그렇다면 세 사람보다 훨씬 많은 소비자들이 시장의 다양한 제품들 중에서 동일한 선택을 하거나, 하도록 만드는 일은 매우 어려울 수밖에 없다.

그런데 MS의 컴퓨터 운영체제인 윈도의 경우 우리는 별다른 고민 없이 다른 사람들과 마찬가지로 구입하고 있다. 이와 같은 현상을 '밴드웨건 효과(band wagon effects)'라고 한다. 밴드웨건은 서커스 행렬의 맨 앞에서 사람들의 관심을 끌기 위해 분위기를 띄우는 악대 차이다. 따라서 밴드웨건 효과는 특정 상품을 구매할 때 다른 사람들이 얼마나 많이 그 상품을 구매했는가에 의해 영향을 받는 현상을 말한다. 일종의 집단 심리 현상이다.

네트워크 효과의 위력과 표준의 중요성

어떤 제품은 상당히 많은 고객들로부터 좋은 반응을 얻어 시장의 표준이 된다. 또한 제품이 생산되기 전에 여러 기업들이 합의하여 해당 제품의 표준을 결정하는 경우도 있다. 어떤 경우든 제품에 대한 표준이 결정되었다면, 그 제품에 필요한 주변 기기나 보완재가 필요한 경우 보완재 시장으로 관심이 이어진다. 또 소비자들이 해당 제품을 구매하면 초기 시장의 성장으로 이어지고, 규모의 경제를 달성하기 위한 추가 투자가 가능해진다. 그리고 규모의 경제가 달성되면 제품의 가격이 떨어지고 주변 기기와 보완재가 풍성해지면서 소비자들이 제품에 더 많은 관심을 기울이게 된다.

 소비자들의 관심이 높아진다는 것은 더 많은 사람들이 해당 제품에 대한 분위기를 띄우는 악대 차에 몰려들었음을 의미한다. 즉 더 많은 소비자들이 해당 제품을 구매하고, 그 제품에 대한 입소문은 더 빠른 속도로 사람들 사이에 퍼지게 된다. 이러한 과정이 반복되면 사람들은 표준이 아닌 다른 제품을 구입할 경우 발생할 수 있는 위험이 더 크다는 것을 인식하게 된다. 이에 따라 우리가 PC 시스템의 운영체제로 윈도를 구입하듯 자연스럽게 아무런 고민 없이 해당 제품을 구입하게 되는 것이다.

 윈도의 영향력은 우리 모두가 알고 있듯이 엄청나다. 운영체제의 독점은 단순히 운영체제 시장에 머무르는 것이 아니라 컴퓨터 산업 전반에 영향력을 미치고, 컴퓨터 산업계라는 거대 생태계의 리더십이 IBM에서 MS로 넘어가도록 했다. 앞으로도 상당 기간 MS는 컴퓨터 산업계의 리더로서 주도권을 행사할 것이다.

    이것이 네트워크 효과의 위력이다. 그리고 표준은 제품이 네트워크 효과를 확보하는 데 매우 중요한 역할을 한다.

05
'기술 융복합화의 윤활유'로서의 표준

자동차는 기계 장비인가, 전자 기기인가?

오늘날의 세계 경제를 '신경제'라고도 한다. 과거에 경험하지 못한 경제 상황이 벌어지고 있기 때문이다. 신경제의 중요한 2가지 추세는 세계화와 정보기술화라고 할 수 있다. 이러한 추세에 따라 오늘날 제품 시장은 매우 급격한 기술 변화와 혁신을 보이며, 이로 인해 기술의 융·복합화 경향이 나타나고 있다. 기술 융복합화란 하나의 기기나 서비스에 여러 기술들이 통합되는 것을 말한다. 가장 대표적인 융복합화는 디지털 기술 분야에서 이루어지고 있으며, 이를 '디지털 컨버전스(digital convergence)' 혹은 '디지털 융합'이라고 한다.

디지털 융합이란 하나의 기기에 필요한 모든 정보통신 기술을 묶어 서비스가 가능하도록 하는 것이다. 이러한 현상은 유·무선 통합, 방송과 통신의 통합, 온라인과 오프라인 통합 등의 형태로 나타난다. 가장 융합이 많이 일어나고 있는 기기는 휴대전화기일 것이다. 휴대전화기는 전통적인 전화기의 기능은 물론 디지털카메라, MP3플레이어, 방송 시청, 금융 업무 등의 기능을 할 수 있도록 계속 진화하고 있다. DMB(Digital Multimedia Broadcasting)의 경우에도 휴대전화기나 PDA(Personal Digital Assistants) 혹은 차량용 리시버를 통해 이동하면서 다채널 멀티미디어 방송을 볼 수 있다. 이들이 하나의 기기에서 완벽하게 하나의 시스템으로 작동하기 위해서는 각 기능들 간의 상호 운영성이 보장되어야 한다. 상호 운영성이 확보되지 않는다면 이와 같은 융합은 일어날 수 없기 때문이다.

이러한 융합은 정보통신 산업에 국한되어 일어나지 않는다. 때에 따라 전통적 산업과 정보통신 산업이 결합되어 융합이 발생하기도 하고, 그럴 경우 지금까지 우리가 알고 있던 산업의 성격이 매우 급격하게 변화함을 알 수 있다. 그리고 이러한 변화는 기업의 전략적 사고에 매우 근본적인 변화를 가져올 수밖에 없다.

다시 한 번 자동차를 예로 들어보자. 자동차는 이동 수단이다. 사람이나 물건을 한 지점에서 다른 지점으로 이동시켜주는 자동차의 전통적 기능에서는 엔진, 트랜스미션 등과 같이 동력을 전달하는 장치들인 파워 트레인(power train)이 가장 중요한 기계적 요소들이다. 그런데 오늘날의 자동차에는 성능을 높이기 위해 이들 기계 장치 외에 컴퓨터와 같은 전자 장치들이 사용된다. 그리고 현재 우리가 사용하는 자동차의 컴퓨팅 파워는 아폴로 11호가 달에 착륙할 때 사용했던 것보다 훨씬 뛰어나다. 자동차 제조원가 기준으로 볼 때도 기계적 장치보다 전자적 장치의 원가가 더 높다. 그렇다면 과연 자동차는 기계 장비인가, 전자 기기인가?

이뿐만이 아니다. 앞으로 자동차에는 텔레매틱스가 장착될 것이다. 텔레커뮤니케이션(telecommunication)과 인포매틱스(informatics)가 결합한 단어인 텔레매틱스(telematics)는 자동차와 무선통신을 결합한 차량 무선인터넷 서비스로서 한국의 차세대 성장 동력 산업으로 선정된 분야이기도 하다. 텔레매틱스를 장착하면 차내에서 실시간으로 교통 정보를 확인하고, 인터넷으로 각종 정보도 검색하며, 이메일도 주고받을 수 있다. 뿐만 아니라 실시간으로 자동차의 상태를 확인해 운전자에게 전달해줄 수도 있다.

자동차의 시동을 거는 순간 위성을 통해 내 자동차의 상태를 점검해줄 뿐만 아니라 주행 중에도 실시간으로 상태를 확인해주기 때문에 다소 상상하기 힘든 다음과 같은 일도 벌어질 수 있다. 도로 위의 모든 차량이 텔레매틱스를 장착하고 있다면, 자동차를 주행하는 중에 "브레이크를 밟을 준비를 하십시오. 앞차가 엔진 과열로 곧 정지할 수 있습니다"

라고 텔레매틱스가 음성 메시지를 보낼 수도 있다. 그렇다면 자동차는 기계 장비인가, 전자 기기인가, 아니면 정보통신 기기인가?

기술 융복합화를 가능하게 하는 인터페이스 표준
이런 융복합화는 가정생활에도 밀려오고 있다. 간단하게 화장실에 있는 변기를 보자. 현재 일본의 한 제조회사가 완성한 것으로 알려진 변기는 소변 성분 분석 기능을 갖추고 있다. 병원에 건강 검진을 받으러 갈 때 항상 빼놓지 않고 하는 것이 소변 검사이다. 소변에는 우리 건강에 대한 매우 많은 정보가 들어 있다. 따라서 이 변기를 사용하면 매번 소변을 볼 때마다 소변 검사를 실시한 후 화장실에 부착된 조그만 프린터에 검사 결과를 출력하고, 동시에 미리 지정해둔 병원에 결과 정보를 전송할 수 있다.

이 변기는 우리 생활에 중요한 변화를 가져올 것이다. 소변만으로는 그것이 누구의 것인지를 알지 못한다. 지문이 사람마다 다른 것처럼 사람들의 엉덩이문(hip-print)도 모두 다르다고 한다. 따라서 변기는 사람의 엉덩이가 닿는 순간 등록된 가족 구성원 중 누구의 소변인지를 인식해 해당 정보를 병원에 전송하게 된다. 이러한 변기가 모든 가정에 보급되면 이제 남자들도 앉아서 소변을 봐야 하는 시대가 오는 것이다. 그렇다면 과연 이 변기는 전통적인 변기인가, 의료 기기인가, 아니면 정보통신 기기인가?

앞으로 과거에 익숙했던 이와 같은 산업의 분류는 의미가 없어질 것이다. 대부분의 제품들에서 이와 같은 기술의 융복합화가 이루어질 것이기 때문이다. 이런 융복합화된 제품에서 가장 중요한 것은 이들 기술 요소들의 인터페이스(interface)이다. 인터페이스가 제대로 이루어지지 않는다면 기술 요소들은 상호 작용하지 않을 것이고, 따라서 기술들의 융복합화도 이루어지지 않을 것이다. 제품의 융복합화에서 가장 중요한 것은 개별 기술들의 성능 향상보다는 이들 요소들이 하나의 시스템으로 작동할 수 있도록 만들어주는 기술 요소들 간의 인터페이스 표준이다.

재미있는 표준 이야기 ①
미국 남북전쟁의 승패를 결정한 총기 표준화

미국의 역사학자들이 가장 많이 연구하는 분야 중 하나가 남북전쟁일 것이다. 남북전쟁에서 북군의 승리를 이끈 많은 요인들 중 하나가 총기의 공급이고, 총기의 공급을 원활하게 만들어준 것이 표준화이며, 총기 표준화의 아버지는 엘리 휘트니(Eli Whitney)이다.

휘트니는 1793년 미국 남부 지방에서 목화 따는 기계인 조면기를 발명했는데, 이로 인해 남부 지방에는 목화가 대량 재배되어 노예제가 활성화되었다. 그러나 조면기 사업의 실패로 북부 지방으로 도피한 그는 장총 생산에 관여하게 된다. 당시 장총은 숙련된 장인이 수작업으로 제작했기 때문에 통일된 규격이 없었다. 그래서 장총이 고장 날 경우 다른 총의 부품과 호환이 되지 않아 다시 수작업으로 부품을 제조해 교체해야만 했다. 이러한 문제점을 인식한 그의 처음 아이디어는 장총의 탄약 꽂을대를 표준화해 어떤 장총과도 호환되도록 만드는 것이었다. 이후 부품을 표준화해 숙련되지 않은 사람도 쉽게 장총을 제작할 수 있도록 했다. 이에 휘트니는 1798년 호환성이 있는 장총을 2년간 1만 정 납품하기로 미국 정부와 계약을 맺었다. 남북전쟁 기간에는 북군이 그의 표준방식을 활용해 수작업으로 연간 1,700정밖에 생산하지 못하던 장총을 하루 5,000정 생산할 수 있는 무기 공장을 갖추게 되었다. 휘트니가 미국 남부의 노예제를 활성화시킨 조면기를 발명하고, 또한 이들 남군을 격퇴시키는 데 도움이 된 무기도 발명한 것은 소용돌이치는 역사가 우리에게 남겨준 모순이라고 하겠다.

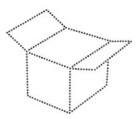

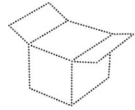

2

표준화에도 전략이 필요하다

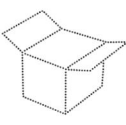
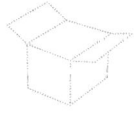
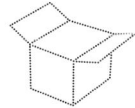

전략적이지 않은 기업의 활동은 없다. 많은 기업들은 기술력을 기업 경쟁력의 제1순위로 두는 데 주저하지 않는다. 물론 기술력이 가장 중요한 요인임을 부정하지는 않는다. 그러나 기술력만으로는 경쟁력이 확보되지 않는다.

우리는 1990년대 중·후반에 무수히 많은 닷컴기업들이 우수한 기술력을 바탕으로 창업을 하고 시장을 주도했던 것을, 그리고 2000년대에 들어서면서 버블의 붕괴로 그 많던 닷컴기업들이 사라진 것을 모두 기억하고 있다. 이들 닷컴기업들이 사라진 것은 기술력의 부족 때문이 아니라 소규모에서 출발해 성장한 기술기업에 적절한 전략이 없었기 때문이다. 여인숙을 운영하던 사람이 여관을 운영할 수 있을지는 몰라도, 여관을 운영하던 사람이 돈을 벌었다고 호텔을 운영할 수 있다고는 장담할 수 없다. 사업 환경이 바뀌면 그에 맞는 적절한 전략이 필요한데, 여인숙에 필요한 전략이 여관에 적용될 수는 있어도 여관에 필요한 전략이 호텔에 적합하다고 할 수는 없기 때문이다.

앞의 〈표 1-1〉에서처럼 시장 진출은 먼저 했으나 후발주자에게 그 자리를 뺏긴 사례들도 이와 비슷하다. 온라인 서점의 경우 우리는 아마존을 최초라고 생각하나, 실제로는 찰스 스택(Charles Stack)이 아마존 설립자 제프 베조스(Jeff Bezos)보다 2년 먼저 'Book Stacks Unlimited'라는 이름으로 개점을 했다. 또한 컴퓨터 운영체제에서 이용되는 GUI(Graphic User Interface) 기술은 제록스사의 팰러앨토 연구소에서 최초로 개발했으나, 현재는 MS가 지배하고 있다. 마찬가지로, 자동차를 처음 만든 사람은 포드가 아니지만 포드자동차는 지난 100년간 자동차 시장에서 무수한 가치를 창출했다. PDA 시장의 경우 1993년 애플이 혁신적인 휴대용 정보 단말기 뉴턴(Newton)을 시장에 선보였으나, 현재는 뒤늦게 참여한 휴렛팩커드(HP)나 팜(Palm)이 석권하고 있다.

이와 같이 기술력으로 시장을 개척한 기업들이 실패한 데에는 여러 가지 이유가 있겠으나, 가장 큰 이유는 기술력을 전략적으로 활용할 수 있는 능력이 부족했기 때문이다. 마찬가지로, 표준화를 시도할 때도 당연히 기술만 가지고 논해서는 안 된다. 표준화는 그것을 선도하는 기업의 입장에서는 자신의 중요한 지식을 공개하는 작업이다. 또한 선도 기업의 기술이 시장의 표준이 되면 그 기업은 단기적으로는 엄청난 수익을 올릴 수 있으며, 차세대 시장의 형성에까지 영향을 미칠 수 있는 위치를 확보하기 때문에 시장에서의 경제적 역동성은 매우 높을 수밖에 없다. 따라서 이와 같은 활동에는 당연히 전략적 접근이 필요하다.

01
표준화의 전략적 목적을
어떻게 이해할 것인가?

DVD 표준화 과정이 보여주는 교훈

표준을 추진하는 전략은 지금까지 익숙했던 기업 전략과는 차이가 있다. 전통적으로 기업은 시장에서 자신의 전략적 위치를 확보하기 위해 차별적 기술, 공급업자나 구매자와의 교섭력, 경쟁사와의 경쟁 관계 등을 중요한 전략 행위의 요소들로 파악했다. 반면, 표준을 추진하는 과정에서는 필요하다면 자사의 고유 기술을 경쟁사와 공유하기도 하고, 우수하지 않은 기술을 수용하기도 한다. DVD-ROM의 표준화 과정은 왜 표준화에 대해 전략적으로 접근해야 하는지를 보여주고 있다.

 DVD는 CD와 크기는 같으나 음향과 영상을 기록하고 재생할 수 있는 고품질의 광디스크 저장 매체이다. DVD가 처음 소개되었을 때 사람들은 이것이 전자 산업뿐만 아니라 정보 산업 및 영화 산업에 엄청난 영향을 미칠 것이라고 생각했다.

DVD는 데이터가 저장되는 방식에 따라 DVD-ROM, DVD-R, DVD+R, DVD-RW, DVD+RW, DVD-RAM 등으로 나뉜다. 가전제품 업체는 DVD를 새로운 수입원으로 파악하고 그 개발에 박차를 가했다. 이전에 나왔던 레이저디스크는 가격이 비싸고 크기가 너무 커 시장에서 외면당했으며, 영상용 CD는 화질이 떨어지고 영화 1편을 2장의 CD에 나눠 담아야 했기 때문에 소비자의 관심을 끌지 못했다. 반면, DVD는 고화질에다 일반 크기의 화면뿐만 아니라 와이드스크린도 지원하며, 돌비 입체 음향(AC-3 혹은 MPEG-2)이 가능한 장점을 지니고 있었다.

따라서 음반 시장에서 CD가 LP를 대체했듯이 비디오 시장에서 DVD는 VCR을 대체할 것으로 기대되었다. 영화 산업계와 컴퓨터 산업계도 DVD가 산업계의 발전에 큰 영향을 미칠 것이라고 예상했다. 영화 산업계는 DVD 영상물을 대량으로 공급했고, 컴퓨터 산업계도 CD-ROM 대신에 DVD를 장착했다.

DVD-ROM 표준화 경쟁은 1993년부터 1995년까지 가전업계와 컴퓨터업계 전반에 걸쳐 매우 치열하게 이루어졌다. 가장 중요한 경쟁은 소니와 필립스가 주도하는 'MMCD (Multi Media Compact Disc)'와 도시바, 마쓰시타, 히타치, 톰슨, 타임워너, MCA 등이 주도하는 'SD(Super Density)' 사이에서 이루어졌다.

  소니와 필립스는 CD 기술에 기초해 DVD 기술을 개발하기로 했다. CD와의 호환성을 확보하면서 기존의 생산 기술을 활용할 수 있으며, 보유한 CD 기술에 대한 라이선스 수입도 확보할 수 있기 때문이다. 또한 이들은 각각 CBS와 폴리그램을 자회사로 두고 있었기 때문에 음악 소프트웨어와 연계할 수 있는 이점도 갖고 있었다. 기술력을 앞세운 소니는 1994년 10월 도시바를 중심으로 한 경쟁사들보다 빠르게 시제품을 내놓았다. 그러나 1장의 DVD에 2시간짜리 영화를 녹화할 수 없었기 때문에 영화 산업계는 이 제품에 불만을 표시했다. 이런 비판에도 불구하고 소니와 필립스는 영화 산업계의 불만을 수용하지 않았다. DVD의 가장 중요한 용도는 음악과 컴퓨터 데이터의 저장이라고 판단했기 때문이다.

  반면, 도시바는 영화 산업계의 타임워너가 제시한 의견에 따라 CD 크기에 고화질 화면과 서라운드 음향을 저장할 수 있는 DVD를 개발했다. 당시 도시바의 가장 큰 관심은 소비자로부터 호응을 얻을 수 있느냐 하는 것이었으며, 기초 기술을 개발한 후 소비자의 요구 사항을 반영할 수 있도록 기술을 수성해 미국영화 산업계뿐만 아니라 일본 및 유럽의 가전업계로부터도 광범위한 지지를 받았다. 그에 따라 도시바, 마쓰시타, 파이오니아, 히타치, 톰슨, 타임워너, MCA 등

7개사는 DVD 표준으로 'SD 디스크'를 제안했다.

마쓰시타는 DVD 표준화 경쟁에서 중요한 역할을 수행했는데, 처음에는 소니와 필립스 동맹에 참여해 영상물을 저장하는 데 자사의 기술을 사용하도록 제안했다. 하지만 곧 DVD 시장은 영상물을 저장하지 않고는 경쟁력이 없으며, 소니의 기술은 영상물 저장에 적합하지 않다고 판단했다. 그러나 소니가 이와 같은 제안을 거부하자 마쓰시타는 소니 동맹에서 탈퇴한 후 도시바 동맹에 참여하게 되었다.

아직 본격적인 제품 생산이 시작되기도 전에 호환성이 없는 2개의 제품 규격이 제시되었기 때문에 치열한 경쟁은 불가피한 것으로 보였다. 영화 산업계의 지지와 마쓰시타의 참여로 도시바 동맹은 자신들이 절대적 우위에 있다고 판단하고 소니 동맹에 표준화 협상을 제안했다. 그 이유는 과도한 경쟁을 피하고 소니 동맹이 가지고 있는 CD 관련 특허를 공유함으로써 이미 시장에 나와 있는 CD와의 후방 호환성을 확보하기 위해서였다. IBM 등 컴퓨터 산업계와 영화 산업계의 강한 압박에 밀려 양 동맹은 1995년 9월 단일 표준안에 합의하게 되었다.

DVD 기기는 영상물 등과 같은 보완재가 필요한 네트워크 제품이다. 따라서 DVD 표준의 개발은 DVD의 보완재를 제공하는 영화 산업계의 강력한 지지를 받았다. 타임워너 등 7개 미국 대형 영화 공급사들은 호환성이 없는 DVD 기기가 시장에 범람하는 것을 막기 위해 표준 보급 그룹을 구성하고 DVD 표준에 필요한 요구 사항을 제안했다. 이에 대해 도시바 동맹은 마쓰시타와 협력해 표준 보급 그룹의 지지를 확보했다.

마찬가지로, 컴퓨터 산업계도 CD-ROM을 대체할 단일 DVD 표준에 대한 압력을 높였다. 컴퓨터 산업계는 초창기에 기존 CD-ROM과의 호환성 때문에 소니 동맹의 MMCD를 지지했지만, 양 동맹 간의 경쟁이 치열해지면서 DVD 시장이 서로 호환되지 않는 2개의 기술 시장으로 양분될 것을 우려했다. 그에 따라 IBM, MS, 애플, 컴팩, HP 등이 참여한 작업 그룹은 산업계의 니즈를 반영한 DVD 표준 요구 사항을 제시하게 되었다. 이러한 관련 산업계의 압력에 따라 도시바, 마쓰시타, 파이오니아, 히타치, 미쓰비시, JVC, 소니, 톰슨, 필립스 등 9개 회사가 단일 표준안 개발에 참여했는데, 결론적으로 몇몇 소니 동맹 기술을 제외하면 대부분 도시바 동맹의 기술이 반영되었다.

이와 같은 DVD 표준화 과정은 몇 가지 시사점을 던져주고 있다. 과도한 표준화 경쟁은 시장의 성장을 저해할 수 있으며, 미디어 산업의 표준화 과정에 미치는 콘텐츠 산업계의 영향력이 매우 크다는 점이다. DVD와 같이 보완재가 필수적으로 요구되는 네트워크 제품에서 '호환성'은 소비자가 제품을 구입할 때 가장 중요하게 고려하는 요인이다. 서로 호환성이 없는 기술들이 시장에서 끊임없이 경쟁할 경우 소비자는 구매 결정을 미루게 된다. 또한 퇴출구가 없는 치열한 경쟁은 독점 시장에서 기업들이 얻을 수 있는 잠재적 이익을 매우 심각하게 잠식한다. DVD 표준화 과정에서 참여 기업들이 합의에 이르게 된 것도 이와 같은 이유 때문이었다. 그리고 네트워크 제품은 관련 산업계와의 합의가 있어야 성공할 수 있다. DVD의 경우 소니 동맹은 관련 산업계의 목소리를 무시하고 자신들의 우수한 기술 역량을 과신한 반면, 도시바 동맹은 산업계의 의견을 수용해 지지를 이끌어냈다. 따라서 도시바 동맹의 성공은 이들 콘텐츠 제공업자들의 지지 덕분이라고 할 수 있다.

왜 표준화 전략이 필요한가?
기업들이 표준화를 추진하는 가장 기본적인 목적은 시장 확대에 있다. 그러나 그 목적이 시장 확대에만 머문다면 표준화를 주도하는 기업은 큰 이익을 볼 수 없을 것이다. 앞에서 언급한 대로 표준화는 기술 영역을 공개하는 것이고, 그럴 경우 공개된 영역에서는 차별화를 시도할 수 없기 때문이다. 그렇기 때문에 표준화를 주도한 기업보다는 저임금 등 비용 우위의 이점을 지닌 신흥공업국의 기업들이 표준화를 통해 확대된 시장에서 시장 점유율을 높여 많은 이익을 챙길 수 있다. 표준화를 추진하는 기업은 시장의 확대와 더불어 표준화를 통해 이익을 극대화하고 싶어 한다. 이와 같은 2가지 목적은 어떻게 보면 서로 양립하기 어려운 것으로 보이고, 그렇기 때문에 표준화에는 전략적 접근이 필요하다고 하겠다.

표준화의 첫 번째 목적인 시장 확대와 관련해 생각해야 할 질문은 다음과 같다. 첫째, 과연 시장 확대만이 표준화의 무조건적인 명제가 되어야 하나? 둘째, 표준화를 주도해 시장을 초기에 형성하고 최초 진입자로서의 이점을 누리는 것이 유리한가? 셋째, 시장에서 경쟁하는 규격이 있을 경우 무조건 상대 규격을 꺾는 것만이 유일한 대안인가? 앞으로 이 3가지 질문에 대해 논의하고, 이익 극대화를 위한 구체적인 표준화 전략에 대해 살펴보고자 한다.

02

오해 1

시장만 확대하면 된다?

앞에서 표준의 중요한 이점으로 표준이 시장을 확대할 수 있다고 말했다. 그러나 표준을 통한 시장 확대는 마치 동전의 양면과 같아서 경쟁의 심화를 불러올 수밖에 없다고도 했다. 예를 들어, PC 산업계의 경우 IBM이 PC의 아키텍처를 공개한 덕분에 엄청나게 많은 PC 제조업자들이 IBM-PC 호환 시장에 참여했고, 그 결과 아키텍처를 공개하지 않은 애플 컴퓨터를 이기고 시장을 지배할 수 있었다. 그러나 IBM이 시장에서 리더십을 가질 수 있었던 기간은 매우 짧았다. 마찬가지로, VCR 시장에서 마쓰시타는 자신들이 원하는 기술인 VHS를 표준으로 만들었으나, 이후 시장에서 후발주자인 삼성 등에 많은 점유율을 뺏기게 되었다.

이런 현상은 표준화 선도 기업들이 시장 확대를 위한 표준화를 완성한 이후, 자사의 수익을 극대화할 수 있는 비즈니스 모델을 가지고 있지 못했기에 발생했다. 표준화 영역의 확대는 분명히 시장 확대에 긍정적 영향을 미친다. 그러나 표준화 선도 기업은 확대된 시장에서 일어나는 심화된 경쟁에서 상당 기간 우위를 점할 수 있는 비즈니스 모델이 필요하며, 그렇지 못할 경우 표준화는 결코 표준화 선도 기업에 큰 도움이 되지 못할 것이다.

시장 확대를 위한 표준화는 종종 산업계의 경쟁 방식을 바꾸고, 그것은 원하든 원하지 않든 산업계의 주도 세력에 큰 변화를 주게 된다. 대표적인 사례가 컴퓨터 산업계이다. 컴퓨터 산업계는 제조업체 중심의 수직적 통합 구조에서 복수의 수평적 시장 분할 구조로 변했다. 〈그림 2-1〉에서 볼 수 있듯, 과거의 컴퓨터 산업계는 독자적 시스템을 갖고 있는 소수의 제조업체에 의해 지배되었다. 이러한 소수의 시장 지배 때문에 기업들은 응용 소프트웨어를 구입할 때에도 자사가 보유하고 있는 하드웨어를 고려해야만 했다. HP 기종의 프로그램은 IBM 기종에서는 실행되지 않기 때문이었다. 이와 같은 구조는 컴퓨터 시스템의 전반적 비용을 높였지만, 시장의 성장은 그리 높지 않았다.

1993년 이후 컴퓨터 산업계 수입의 대부분은 PC로부터 나왔기 때문에 컴퓨터 산업계의 구조를 PC 시장이 관점에서 보더라도 큰 문제는 되지 않을 것이다. 〈그림 2-2〉에서처럼 새로운 PC 산업계의 구조는 각 계층마다 인터페이스 표준이

● 그림 2-1 과거 컴퓨터 산업계 구조

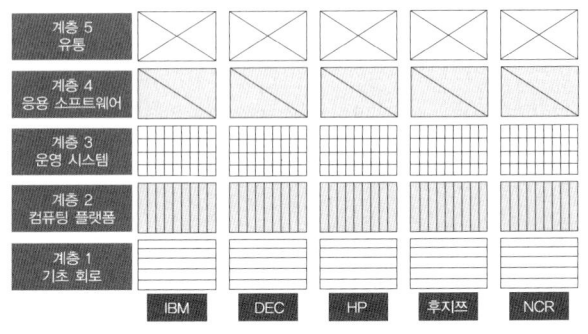

자료 : Callon, J. D. (1996). *Competitive Advantage through Information Technology*. McGraw Hill.

도입됨에 따라 가능해졌다. 이로 인해 각 계층마다 수천 개의 기업들이 경쟁할 수 있는 구조가 되었다. 따라서 소비자는 PC를 구입할 때 자신의 니즈에 따라 여러 가지 사양을 선택할 수 있다. 이 경우 PC 시스템을 구성하는 부품들 간의 상호 운영성이 보장되지 않는다면 이와 같은 구조는 성립하지 않을 것이다. 이러한 상호 운영성은 인터페이스 표준의 도입으로 가능해진다.

이러한 구조 때문에 기업들은 과거와 달리 각 계층에서 치열하게 경쟁하며, 가장 잘할 수 있는 계층에 집중할 수밖에 없다. 그 결과 오늘날 MS가 컴퓨터 산업계에서 차지하는 시장 점유율은 1960년대 IBM의 시장 점유율에 비하면 매우 적음에도, MS의 영향력은 그 시대 IBM의 영향력보다 훨씬 크

● 그림 2-2 새로운 PC 산업계 구조

계층 5 유통	Compues Dealers	Super Store	Mass Merchandisers	Clubs	Mail Order	Value- added reseller	Direct Sales Force	기타
계층 4 응용 소프트웨어	Lotus 1-2-3			Microsoft Excel			Novell's Quattro Pro	
계층 3 운영 시스템	MS DOS	Windows		OS/2		Unix		Apple
	Novell Netware		Banyan		IRM		기타	
계층 2 컴퓨팅 플랫폼	IBM		Compaq		Other Intel-based PCs		Apple Macs	기타
계층 1 마이크로프로세서	IntelX86		Motorola			RISC		Power PC

자료 : Callon, J. D. (1996). *Competitive Advantage through Information Technology*. McGraw Hill.

다고 할 수 있다. MS는 PC의 성능을 높이는 데 필수적인 강력한 운영 시스템의 성능을 지속적으로 향상시켜 시장에 제공함으로써 산업계의 리더십을 유지하고 있다. 앞서 PC 산업계의 지배자 사례에서도 언급했고 〈그림 2-2〉에서도 알 수 있듯이, 표준화는 때때로 경쟁 방식에 변화를 불러와 경쟁 우위를 점하는 요인에 변화를 유도하고 시장의 리더가 바뀌도록 한다. 따라서 기업이 표준화를 시도할 때 고유의 비즈니스 모델을 가지고 있는 것은 매우 중요하다.

정보기술의 발달과 WTO 체제의 도입 등으로 인한 세계 경제의 글로벌화는 경쟁의 대상이 예상치 못한 곳에서 나타나도록 한다. 북미 아이스하키 리그(NHL)가 프로 하키 팀들의 기념품을 온라인에서 판매했을 때 당연히 미국에서 상품

주문이 가장 많을 줄 알았다. 그러나 판매 분석 결과, 놀랍게도 주문이 가장 많았던 곳은 미국이 아니라 핀란드였다. 표준화의 경우에도 비슷한 일이 빈번하게 벌어지고 있다. 일본 자전거 부품의 표준화를 통해 표준화 영역을 확대한 일이 예상치 못했던 경쟁 상대를 불러오는 경우를 예로 들 수 있다.

일본의 자전거 제조업체들은 제2차 세계대전 전까지 비교적 잘 운영되었다. 그러나 유럽의 자전거들이 일본 시장에 진출하고, 영국 파운드화의 가치가 하락하면서 시장 경쟁력을 급격히 잃기 시작했다. 이에 따라 1954년 일본정부는 자국의 자전거 제조업체들이 우수한 유럽산 자전거와 경쟁할 수 있도록 자전거의 일본 공업 규격(JIS)을 제정했다.

JIS는 자전거를 크게 14개 부품으로 나누고, 각 부품들도 평균 18개 부분품으로 구성하도록 하여 거의 모든 자전거 부품에 대한 규격을 상세하게 정했다. 이러한 상세 규격에 따라 일본의 중소 자전거 제조업체들은 균일한 품질의 자전거를 제작할 수 있었고, 당연히 자전거 품질도 향상되어 유럽 제품에 대항할 수 있었다.

이와 같은 표준화 정책이 성공을 거두자 일본정부는 지속적으로 표준을 향상시켰다. 그러나 이와 같은 표준화 정책으로 일본의 기업만 이득을 본 것은 아니었다. JIS는 지구상의 모든 이에게 개방되어 있고, 또 모든 부품에 대해 상세한 규격을 정해놓았기 때문에 중국과 대만의 제조업체들도 동일한 규격으로 자전거를 생산할 수 있었다. 1990년 자전거 관세가 폐지된 이후 일본의 자전거 시장은 중국과 대만 업체에 의해 심각하게 잠식되었고, 1998년에는 중국이 최대 수출국이 되었다. 2000년에 이르러서는 수입액이 국내 생산을 넘어섰고, 마침내 최근에 이르러 일본의 자전거 조제품 업체는 거의 모두 도산할 지경에 이르렀다.[1]

기업 주도의 표준화와 달리 일본정부가 주도한 표준화 작업은 자국 기업의 전반적인 경쟁력을 강화하는 데 목적을 두고 있었다. 그에 따라 일본 완성품 자전거의 품질은 외국 제품과 경쟁할 수 있을 정도로 좋아졌으나(이 경우 일본정부는 특정 일본기업이 시장을 주도하는 것에는 관심이 없었다), 위의 사례는 표준화에 의해 공개된 관련 기술이 어떻게 자국 산업에 영향을 미칠 수 있을 것인가에 대한 명확한 이해가 부족했음을 보여준다. 어떤 기업도 전체 시스템이 모두 표준화된 제품 시장에서 차별화된 경쟁력을 확보할 수는 없다. 이 사례는 표준화 영역이 확대되면 기업이 차별화된 역량을 발휘할 수 없음을 보여주고 있다.

---

1 Shintaku, J. & Eto, M. (2008). *Strategic Use of Consensus-based Standards*. Tokyo: Nikkei Publishing.

03

오해 2

주도하는 자가 성공한다?

표준화를 주도한다는 것은 시장을 형성하고 최초 진입자로서의 이점을 누리고자 함을 의미한다. 최초 진입자가 앞서 논의했듯이 '제품의 성격을 소비자에게 각인시키며 시장을 형성한 기업'이라고 한다면, 표준화를 주도한 기업이 시장에서 성공할 확률은 매우 높다고 할 수 있다. 그러나 이 경우에도 시장에서의 성공이 표준화 그 자체를 통해서만 이루어진다고 보기는 어렵다. 비록 기술 선도에 의해 표준화를 이룬다고 해도 제품의 성격에 따라 인프라, 보조 기술, 보완재 등 필요한 기반이 구축되지 않으면 시장에서의 성공은 쉽게 이루어지지 않는다.

최초 진입자가 지불해야 하는 비용으로 가장 많이 꼽는 것은 새로운 시장 창출 비용이다. 시장 창출에 필요한 요인으로는 먼저 인프라를 이야기할 수 있다. 새로운 시장은 새로운 인프라를 요구한다. 자동차의 경우 도로라는 인프라가 제대로 구축되지 않았다면 시장을 창출하기 어려웠을 것이다. 보조 기술도 시장 창출에 영향을 미친다. PDA 시장은 사람이 쓰는 글자를 인식하는 프로그램이 완전하지 못해 초기 시장 형성에 실패한 경우이다.

VCR이나 DVD와 같이 보완재가 필요한 경우라면 보완재를 생산하는 관련 산업계의 적극적인 지원이 필요하다. 또한 소비자들이 VCR이나 DVD처럼 새로이 표준화된 네트워크 제품의 보완재 효과를 강하게 인식할 수 있는 활동도 초기 시장의 성공적 형성에 필요하다.

초기 PDA 시장처럼 소비자들이 신기술을 적극적으로 수용할 수 있는 태세가 갖춰지지 않은 상태에서는 소비자들의 적극적인 지원을 받기 어렵다. 시장 창출을 위한 상당한 기술적 투자가 이루어졌음에도 불구하고 상당 기간 기다려야 하는 경우도 생긴다.

이러한 여러 문제점들이 조기에 해결되지 않는다면 최초 진입자는 새로운 기술을 가지고 등장하는 경쟁사로부터 일격을 당하고 시장에서 퇴출될 수도 있다. 컬러TV 표준화와 관련된 CBS와 RCA의 경쟁은 최초 진입자가 갖게 되는 어려움을 매우 잘 보여주고 있다.

요새 한국이나 웬만한 선진국의 가정은 컬러TV를 적어도 1대 이상 보유하고 있다. 아마 수세식 화장실보다 보급률이 더 높을 것이다. 이렇게 보편적인 컬러TV의 표준화 경쟁은 1941년 7월 1일 미국에서 최초로 상업용 흑백TV 방송이 시작된 시점으로 거슬러 올라간다. 당시 RCA는 NBC 방송국을 소유하고 있었으며, 흑백TV 제조업계의 선두 업체로서 라디오 및 TV 업계에 막강한 영향력을 발휘하고 있었다. 그러나 이미 1929년 벨 연구소에서 개발한 컬러TV가 미래 TV 산업의 주력이 될 것임은 명백했다.

미국의 전국 TV 네트워크 방송국 중 하나인 CBS는 1940년대에 자신들이 개발 중인 컬러TV 방식이 산업계의 표준이 되도록 노력했다. 반면, 같은 시기 RCA는 사장인 데이비드 사르노프(David Sarnoff)의 지휘 아래 CBS와는 다른 방식의 컬러TV를 개발하면서 동시에 흑백TV 판매에도 열을 올리고 있었다. 컬러TV의 성능 면에서는 CBS가 앞서고 있었는데, RCA는 자신들의 시스템이 완성될 때까지 표준 채택을 미루도록 미국 연방통신위원회(FCC)에 압력을 가하고 있었다. 당시 CBS 방식의 가장 큰 장애 요인은 후방 통합성이 없어 특수 기기를 부착하지 않으면 기존의 흑백TV용 프로그램을 수신할 수 없다는 점이었다.

이러한 약점에도 불구하고 1950년 10월 FCC는 2개의 방식을 비교한 끝에 CBS 방식을 표준으로 채택했다. 그때까지 RCA 방식은 완전하게 완성되지 못했다. 사르노프 사장의 말대로 "원숭이는 녹색, 바나나는 파란색으로 나와서 모든 사람들이 비웃을 만했다". 어쨌든 후방 통합성이 없는 CBS 방식의 컬러TV가 표준으로 채택된 것은 CBS의 정치적 승리였다.

그러나 RCA는 두 손을 들기는커녕 3가지 면에서 더욱 노력했다. 우선, CBS 방식 컬러TV에 대한 소비자의 구매를 늦추기 위해 CBS 방식에 대한 비판을 계속했다. 둘째로, CBS 기술과 호환성이 없는 기존 흑백TV 판매에 더욱 노력하여 자사 제품에 대한 '인스톨드 베이스(installed base)'[2]를 구축했다. 마지막으로, 컬러TV 연구 개발에 박차를 가했다.

반면, CBS는 정치적 승리를 제대로 활용하지 못했다. 당시 CBS는 자체 제조 시설이 없었다. 따라서 CBS와 제휴한 제조업체들이 즉각적으로 생산에 뛰어들 수 있도록 해야 했으나 그마저도 여의치 못했다. 그 결과 1951년 6월 25일 방영된 최초의 CBS 컬러 방송 프로그램 〈에드 설리번 쇼〉는 방송국에서나 볼 수 있었을 뿐, 대다수 시청자들은 볼 수 없었다. 당시 미국에는 1,200만 대의 TV가 보급되어 있었으나 소수의 사람들만이 CBS 컬러 방송을 수신할 수 있었다. 또 한국전쟁이 치열해지자 컬러TV를 생산하는 데 필요한 원자재가 전쟁 수행에도 필수적이므로 미국정부는 컬러TV 생산

---

[2] 실제로 사용되고 있는 특정 제품이나 시스템의 숫자. 시장 점유율과는 달리 수년간에 걸쳐 이들 제품이나 시스템이 시장에서 얼마나 많이 확산되어 있는가를 보는 것으로, 해당 제품이나 시스템의 대중성을 의미한다.

을 중단시켰다.

1952년 6월 컬러TV 생산 금지 조치가 해제된 이후 RCA는 매우 좋은 기회를 맞았다. 미국 텔레비전시스템위원회(NTSC: National Television System Committee)에서 RCA를 지지하는 합의가 이루어진 것이다. 그리고 좀 우습게도 RCA 기술이 대부분임에도 불구하고 새로운 방식을 'NTSC 방식(한국의 TV 시스템도 NTSC 방식)'이라 부르게 되었다. 그 이유는 RCA라는 단일 기업의 방식이 아니라 산업계의 컨소시엄에 의해 만들어졌음을 보여주어, 앞서 CBS 방식을 표준으로 채택한 결정을 RCA 방식으로 바꾸는 과정에서 FCC의 체면을 세워주기 위해서였다. 1953년 3월 미국 가정에 보급된 2,300만 대의 흑백TV를 고려하면 호환성이 가장 중요함을 인식한 CBS는 백기를 들고 말았다. 그리고 1953년 12월 FCC는 1950년의 결정을 공식적으로 뒤엎었다.

그러나 아직 정치적 승리가 쉽게 시장의 승리로 옮겨가지는 못했다. 1954년 사르노프는 RCA가 컬러TV를 7만 5,000대 정도 팔 수 있을 것이라고 자신했지만, 실제로는 5,000대 정도밖에 판매하지 못했다. 300달러면 21인치 흑백TV를 살 수 있는데 1,000달러나 주고 12.5인치 컬러TV를 살 소비자는 많지 않았기 때문이다. 방송사들이 컬러 방송 송출 시설에 투자하고 다양한 컬러 방송용 프로그램을 만들기 전까지는 당연한 현상이었다. 그리고 이러한 투자에는 많은 시간이 소요되었다.

NBC와 CBS는 컬러 방송 송출 장비에 과감히 투자하여 1957년에는 40개 도시에 있는 158개 방송국 중 106개 방송국이 컬러 방송을 할 수 있도록 했다. 그러나 컬러 방송용 프로그램의 제작은 그보다 훨씬 천천히 진행되어 소비자의 관심을 끌지 못했다. 1965년 NBC는 컬러 방송을 연 4,000시간 했으나, CBS와 ABC는 각각 800시간과 600시간만 방영했다. 그 결과 1963년 통계를 보면 미국 가정의 3%만이 흑백TV보다 훨씬 비싼 컬러TV를 갖고 있었다.

사르노프와 RCA는 자신들의 기술을 표준으로 만드는 것이 얼마나 중요한가를 잘 인식하고 있었지만, 1950년대에는 컬러TV 방송 시스템에 필요한 모든 요소들을 정착시킬 수 없었기 때문에 이익을 낼 수 없었다. 그 결과 RCA는 1959년까지 이익은 하나도 내지 못하고 1억 3,000만 달러를 컬러TV 개발에 투자했다. 지금 생각해도 엄청난 금액인 것만은 틀림없지만 그 투자에서 빠진 것은 콘텐츠인 컬러TV용 프로그램이었다. 지금의 용어로 '킬러 애플리케이션(killer application)'[3]이 필요한 셈이었다. 1960년의 킬러 애플리케이션은 〈월트 디즈니의 놀라운 컬러 세계〉였는데, 사르노프는 이 프로그램을 ABC사로부터 구매했다. RCA는 1960년부터

---

3 새로운 기술의 보급에 결정적 계기가 되는 프로그램을 뜻한다.

컬러TV를 판매해 수익을 내기 시작했고, 이후 브라운관을 제니스 등 다른 업체에 판매하기 시작했다. 그 다음은 다 아는 대로 컬러TV의 성능은 좋아지고 가격은 떨어졌으며, RCA와 NBC가 시장을 지배하게 되었다.[4]

앞의 사례를 보면 알 수 있듯이 표준화를 주도하거나, 최초 진입자로서 시장에서 우위를 점하고 그것을 유지하기 위해서는 표준 그 자체와 더불어 인프라 및 보완재와의 관계에서도 자신에게 유리한 환경을 조성해야 한다. 이 사례는 이미 50여 년 전의 일이나 그것이 전달하는 메시지는 여전히 유효하다. 특히 네트워크 제품이 시장의 상당 부분을 차지하는 산업에서는 더욱 중요하다.

---

[4] Shapiro, C. & Varian, H. R. (1999). The Art of Standards Wars. *California Management Review*, 41(2), 8~32.

04

오해 3
경쟁 표준은 무조건 꺾는 게 최선이다?

시장에서의 표준이란 기존 제품들 간의 치열한 경쟁을 통해 만들어지기도 하고, 제품이 개발되기 전에 기술력 있는 기업들 간의 합의로 만들어지기도 한다. 앞에서 본 대부분의 사례들은 시장에서의 경쟁을 통해 표준이 정해진 경우들이다. DVD 표준의 경우에는 경쟁사들이 치열하게 기술을 개발해 경쟁했으나 제품 생산이 이루어지기 직전 가까스로 표준에 합의했다. 그러나 PC 시장에서의 IBM과 애플의 경쟁, VCR 시장에서의 소니와 마쓰시타의 죽기 살기 식(cut-throat) 경쟁, 게임기 시장에서의 소니와 닌텐도의 정면 대결, 넷스케이프와 MS의 치열한 웹 브라우저 경쟁 등은 제품을 개발한 이후에 표준이 결정된 경우로, 경쟁에서 진 회사는 없어지거나, 없어지지는 않더라도 막대한 비용을 지불해야 했다.

 소니는 그동안 많은 신제품을 개발했으나, 대부분 자사의

● 그림 2-3 소니의 주요 기술 제품과 매출액 추이

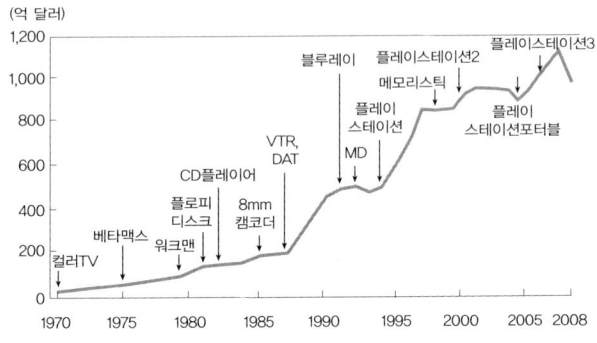

자료: Sony Annual Report 2009에서 재구성.

기술이 독점적으로 시장의 표준이 될 수 있도록 노력했다. 그 노력이 성공한 경우도 있으나 실패한 경우도 종종 있었다. 앞서 논의한 VCR뿐만 아니라 MD는 MP3플레이어에 밀려 사라졌으며, 메모리카드의 경우에도 소니가 개발한 메모리스틱이 마쓰시타, 도시바, 샌디스크가 개발한 SD카드에 밀리고 있다. 이러한 과정에서 소니는 시장에서의 리더십을 잃어버리게 되었고, 그에 따라 매출액도 떨어졌다. 〈그림 2-3〉은 1970년부터 약 40년 동안 소니가 시장에 내놓은 주요 기술 제품과 그에 따른 매출액 추이를 보여주고 있다.

〈그림 2-3〉에서처럼 그동안 소니가 시장에 내놓은 제품들을 보면 컬러TV나 워크맨, 플레이스테이션 등과 같이 성공적인 제품들도 많다. 그러나 성장에 가속도가 붙어야 하는

시점에서 표준화 경쟁에 실패해 매출 성장세가 꺾이는 경우도 볼 수 있다. VCR의 경우 베타맥스는 초기 시장에서의 반응은 좋았으나, 시장이 성장하는 시기에 VHS와의 경쟁에서 도태됨으로써 소니의 성장에 큰 기여를 하지는 못했다. 이후 여러 우수한 제품들이 나와 소니의 성장에 기여했으나, 앞서 언급한 MD와 메모리스틱은 분명히 소니의 성장 탄력을 저해한 것으로 보인다. 그 후에 나온 플레이스테이션은 게임기 시장에서 닌텐도에 밀리고 있던 상황을 반전시켜 주었으나, 닌텐도 위(Wii)의 등장으로 소니는 다시 한 번 타격을 입고 있다.

이와 같이 시장에서의 경쟁을 통해 표준을 선정하는 것은 패배한 기업에는 매우 심각한 영향을 미친다. 다음의 오디오 4채널 시스템 사례는 시장에서의 과다한 경쟁으로 말미암아 제품 자체가 사라진 경우를 보여준다.

4채널 시스템은 스테레오 시스템에 불만을 가진 음악 애호가를 위해 1970년에 개발된 음향 시스템이다. 이 시스템은 마치 콘서트장에 앉아 있는 것과 같은 효과를 주기 위해 4개의 스피커를 사용했고, 기존의 스테레오 시스템보다 월등한 음향 효과로 오디오 시스템의 붐을 일으킬 것 같았다. 그러나 1971년부터 1976년까지 6년간의 매우 짧은 생을 영위하다 시장에서 사라지고 말았다.

초기 4채널 시스템은 산수이가 개발한 QS(Quadraphonic Sound)였으나, 중요한 경쟁 시스템은 1971년 JVC가 개발하고 RCA와 워너브라더스의 지원을 받은 CD-4(Compatible Discrete 4)와 1972년 CBS가 도입하고 컬럼비아와 EMI 등 레코드사의 지원을 받은 SQ(Sound Quadraphonic)였다. 그러나 일본과 미국의 대표 기업들이 경쟁을 벌이자, 두 시스템의 호환이 불가능했기 때문에 소비자들은 혼란에 빠졌다. 그리고 4개의 스피커를 구입해야 한다는 점은 소비자에게 경제적 부담으로 작용했다.

이러한 상황에서 이들 기업들은 4채널 시스템이 시장 지배자가 되도록 협력하는 대신, 서로의 시스템을 비방하는 이전투구에 전념했다. 그 결과 소비자들은 안전한 스테레오 시스템을 벗어나려 하지 않았고, 음악가들도 신기술을 이용해 녹음하기를 꺼렸다. 결국 4채널 시스템은 응급환자들이 응급실에 도착한 직후 사망한다는 뜻의 의학 용어인 DOA(Dead On Arrival)와 같은 신세가 되고 말았다. 이처럼 시장의 표준이 되기 위한 경쟁이 제품 시장에서 이루어진다면 그로 인해 기업이 안아야 할 부담은 매우 커지게 된다.

표준전쟁은, 특히 네트워크 효과가 강한 제품일 경우에는 매우 고통스럽다. 네트워크 효과가 큰 제품일수록 시장의 표준이 되면 시장에서의 영향력이 급격히 증가하기 때문에 표준전쟁에 돌입하는 기업은 매우 비장한 각오로 임하게 된다. 그리고 제품이 생산되기 전에 합의에 이르지 못하고 제품 시장에서 그 전쟁이 이루어진다면 전쟁에 참여하는 기업은 굉장한 위험을 안게 된다. 표준전쟁에서 진 기업은 모든 생산 시설에 대한 투자를 매몰 비용으로 처리해야 하기 때문이다.

　네트워크 제품의 경우 호환성이 소비자 구매의 중요한 기준이 되기 때문에 전쟁에서 이긴 기업이 맛보게 되는 달콤함이 크면 클수록, 전쟁에서 패한 기업이 김당해야 할 쓴맛도 그만큼 클 것이다. 전쟁에서 진 기업의 제품은 시장의 표준이 된 제품과 호환성이 없기 때문에 소비자로부터 거의 완벽하게 외면받게 된다. 네트워크 제품의 경우에는 핵심 제품뿐만 아니라 관련 보완재 등도 함께 시장에서 사라진다.

　20세기 후반의 일본 전자 산업은 경쟁자가 없을 정도로 매우 뛰어났다. 특히 가전 분야에서는 독보적인 시장 지위를 누렸으나, 이상하게도 컴퓨터 시장에서는 그 힘을 발휘하지 못했다. 많은 전문가들은 1990년대에 들어서면 일본기업들이 PC 시장에서 발군의 실력을 발휘할 것으로 예상했다. 그러나 1995년 세계 PC 시장의 35.8%를 점유하고 있던 상위 5개 업체 중 4개가 미국기업이었으며, 일본의 NEC만이 4.8%의 시장 점유율로 5위를 차지하고 있었다.

　이는 일본기업들이 네트워크 제품이라는 PC의 중요한 특성을 간과했기 때문에 나타난 결과였다. 애초부터 일본의 PC업체들은 세계 표준과 호환되지 않는 독자적 PC 표준을 수립했다. 더 심한 것은 일본의 PC업체들이 사전에 자국 시장의 표준을 정하려는 노력 없이 제각기 다른 기술을 채택해 서로를 꺾기 위한 경쟁을 치열하게 했다는 점이다. 이러한 경우 시장에서 표준이 정해지기도 전에 시장 자체가 제대로 성장하지 못한다. 또한 강력한 힘을 가진 IBM 호환 기종과 같은 외부 세력이 진입했을 때 이들에게 시장에서의 위치를 양보할 수밖에 없다. 실제로 1990년대 말에 이르러 일본 PC업체들은 일본만의 독자 표준을 포기하고 세계 표준을 수용하게 되었다.[5]

일본 PC업체의 독자적 표준은 일본 응용 소프트웨어 시장에도 좋지 않은 영향을 미쳤다. 응용 소프트웨어는 개발비가 비싼 대신 한계 비용(marginal cost)이 0에 가깝기 때문에 좋은 제품을 개발하기 위해서는 제품 시장이 커야 한다. 그러나 일본 PC업체의 독자적 표준은 응용 프로그램 시장이 일본에 한정되도록 하여 대규모 개발 투자를 어렵게 했다. 이는 좋은 응용 프로그램의 개발을 저해하고 관련 산업의 경쟁력을 떨어뜨리는 결과를 가져왔다.

물론 모든 표준전쟁이 제품 시장에서 이루어지는 것은 아니다. 오히려 많은 표준들은 제품 시장에서 경쟁하기 전에 제휴를 통해 합의된다. 가장 대표적인 사례가 필립스와 소니가 CD플레이어에 필요한 디지털 음향 기술 개발을 공동으로 추진한 일이다.

---

5 김상배 (2007). 《정보화시대의 표준경쟁》. 한울아카데미.

필립스는 1960년대와 1970년대에 걸쳐 CD플레이어에 필요한 기초 기술을 개발했고, 1979년도에 시제품을 완성해 곧 대량 생산을 할 채비를 갖추기 시작했다. 그 시점에서 필립스는 텔레풍켄(Telefunken), JVC, 소니 등이 서로 호환성이 없는 별개의 CD 제품을 개발하고 있음을 확인했다. 이를 표준전쟁의 신호로 받아들인 필립스는 이전투구식의 전투를 벌이는 대신, 자사의 기술과 가장 비슷하고 약점을 보완해 줄 수 있는 소니와 제휴했다. 그에 따라 1979년 후반 필립스와 소니는 CD 시스템 양산 체제를 1983년 여름까지 구축하기로 합의했다. 두 거대기업의 제휴로 제품이 양산 체제에 돌입하기 훨씬 전인 1981년 말에 30개 이상의 기업들이 이들 기술을 사용하기로 계약을 맺었고, 이에 따라 텔레풍켄과 JVC는 자사 기술을 포기하게 되었다.[6]

이처럼 표준전쟁을 통해 경쟁 표준을 꺾어버리는 방법이 가장 바람직하다. 다만, 그 과정에서 몇 가지 부정적인 효과를 방지할 수 있어야 한다는 전제가 따른다. 가장 중요한 것은 지지 않을 자신이 있느냐는 것이다. 이기는 것도 중요하지만 지지 않는 것도 중요하다. 지지 않는다는 것은 적어도 시장에서 생명력을 유지하면서 다음 기회를 엿볼 수 있다는

---

6 Hill, C. W. L. (1997). Establishing a Standard: Competitive Strategy and Technological Standards in Winner-Take-All Industries. *Academy of Management Executive*, 11(2), 7~25.

뜻이다.

이동통신의 경우 세계 표준은 GSM(Global System for Mobile communications) 방식이지만, CDMA(Code Division Multiple Access) 방식도 주요 시장인 한국 및 북미와 중국 일부분을 확보해 명맥을 유지하고 있다. 제3세대 이동통신인 IMT-2000(International Mobile Telecommunication 2000) 표준과 관련해 유럽의 비동기식인 WCDMA(Wideband Code Division Multiple Access) 방식과 대립해 미국식 CDMA 2000이 경쟁할 수 있었던 것은 (시장에서의 성공 여부와 관계없이) 지지 않고 살아남았기에 가능했다. 그런 의미에서 볼 때 시장에서의 표준전쟁에서 살아남을 수 있는지 여부는 매우 중요하다. 그러나 앞서 살펴보았듯, 대다수 표준전쟁은 실패한 기업에는 재앙과 같은 결과를 가져다준다.

표준전쟁의 또 다른 부정적 효과는 시장의 성장이 조기에 이루어지지 않는다는 점이다. 앞서 본 4채널 오디오 시스템 사례뿐만 아니라, 필립스의 디지털 음향 기술을 활용한 DCC(Digital Compact Cassettes)와 소니 MD의 경쟁도 이와 비슷한 결과를 초래했다. 이들 기술은 서로 호환성이 없기 때문에 소비자들이 할 수 있는 최선의 선택은 이들 중 어느 하나가 시장을 지배할 때까지 기다리는 것이었다. 따라서 시장의 성장은 더디게 이루어졌으며, 결과적으로 이러한 경쟁은 어느 기업에도 이득이 되지 못했다.

이와 같이 경쟁 표준을 무작정 꺾으려고 한다면 기업들은 상당한 출혈을 감내해야 하므로 시장이나 제품의 성격에 따라 표준 개발에서 협력 전략이 많이 쓰이고 있다. 기술 융합에 의해 제품이 개발되는 오늘날의 경영 환경에서 단일 기업이 제품 개발에 필요한 모든 기술을 보유할 수는 없다. 또한 제품 개발과 생산 설비를 구축하는 데 들어가는 비용이 높기 때문에, 위험을 안고서 제품 시장에서 경쟁하는 것보다는 제품이 개발되기 전에 합의를 통해 표준을 정하는 것의 이점이 부각되고 있다. 이러한 관점에서 표준화 협력 전략이 필요하다고 하겠다.

재미있는 표준 이야기 ②
지하철 1, 4호선의 비밀

서울의 지하철 1호선이 1974년 8월 15일 개통되었으니 한국의 지하철 역사도 상당하다고 하겠다. 그런데 주의력 있는 승객의 경우, 지하철 1호선은 지하 서울역에서 지상 서울역으로 오고 갈 때, 지하철 4호선은 남태령역에서 선바위역으로 오고 갈 때 실내등이 꺼졌다가 다시 켜짐을 알 수 있을 것이다. 그 이유는 전동차 운행이 지하철공사와 철도청으로 이원화되어 있기 때문이다. 지하철공사는 직류 1,500V를 사용하고, 철도청은 교류 2만 5,000V를 사용하기 때문에 그 경계에서 직교류 교환 장치가 작동한다.

문제는 승객들이 느끼는 불편함뿐만 아니라 그 비용에 있다. 이 교환 장치 때문에 전동차 1대당 1억 5,000만 원의 추가 비용이 든다. 1,000대의 전동차가 필요하다면 추가로 1,500억 원의 비용을 지불해야 하는 셈이다. 표준화 문제는 여기에서 그치지 않는다. 또 다른 문제는 지하철의 운행 방향이 우측통행인 반면, 철도청의 운행 방향은 좌측통행이라는 점이다. 이 때문에 지하철 구간과 철도청 구간이 만나는 지점에서는 선로를 X자로 서로 엇갈리게 건설했고, 이로 인해 4호선의 경우 완공 시기가 6개월 더 늘어났을 뿐만 아니라 공사비도 일반 구간보다 30% 이상 더 들었다.

재미있는 표준 이야기 ③

소방 장비 비표준화가 초래한 비극, 볼티모어 대화재

표준화가 일반인의 관심을 끌게 된 역사적인 사건으로 1904년에 발생한 미국 볼티모어 시의 대화재를 들 수 있다. 2월 7일 일요일 오전 10시경 볼티모어 시내에 위치한 허스트 빌딩 지하에서 시작된 화재는 1시간도 못 되어 시 전체를 삼킬 듯이 확산되었다. 이에 화재를 진압할 소방차가 부족함을 인식한 볼티모어 시는 인근 지역에 지원을 요청했다. 그러나 워싱턴 D.C., 뉴욕, 필라델피아 등에서 온 소방차의 연결 호수는 볼티모어 시의 소화전과 규격이 맞지 않았다. 당시까지 미국의 각 주는 자체적으로 소방 장비에 대한 표준을 정했고, 서로간의 호환성에 대해서는 전혀 관심을 두지 않았다. 이로 인해 하루 만에 진화할 수 있었을 화재가 다음 날 오후가 되어서야 진압되었고, 그 결과 70블록에 걸쳐 1,500개 이상의 건물이 잿더미가 되어버렸다. 이때 많은 사람들이 표준화의 중요성을 깨닫게 되었고, 미국은 1년 후 소방 안전 장비에 대한 국가 표준을 만들었다.

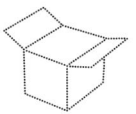

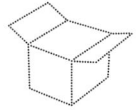

3

표준전쟁에서 이기기 위한 5가지 전략

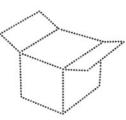
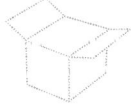
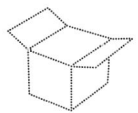

표준전쟁의 중요성은 특히 승자 독식 시장(winner-take-all market)에서 더욱 극명하게 드러난다. 앞서 보았듯, 서로 호환성이 없는 기술들은 정글의 법칙을 통해 승자를 결정한다. 이러한 경쟁 환경에서 승리는 엄청난 수익을 가져다주지만, 패배는 기업이 감당하기 어려운 상황으로 몰고 가기도 한다.

표준전쟁은 기술적인 요소에서 발생하는 것으로 보인다. 그러나 실제 전투 현장에서의 승패는 기술적 우위에 의해서만 결정되지는 않는다. 현재 우리가 사용하고 있는 컴퓨터 자판은 쿼티(QWERTY) 자판이다. 1868년 미국인 숄스(C. L. Sholes)가 개발한 이 자판은 1873년 레밍턴(Remington) 타자기에 적용되었다. 옛날 타자기의 경우 인접한 키를 연달아 치면 자주 엉키는 문제가 생겼다. 따라서 사람들이 빠르게 타이핑하지 못하도록 만든 쿼티 자판은 이후 시장에서 표준으로 사용되었다.

1936년 드보락(August Dvorak)이 그동안 향상된 타자기 성능을 반영해 쿼티 자판을 개선한 드보락 자판을 개발했으나 시장에서 외면 받았다. 오죽 원통했으면 그가 죽어가면서도 "나는 인류를 위해 가치 있는 무언가를 노력하는 데 지쳤다. 그들은 어리석게도 변화를 원하지 않았다"라고 말했겠는가? 우수한 기술을 가진 베타 시스템이 넓은 생산 기반을 확보한 VHS 시스템에 시장을 빼앗긴 사례도 비슷한 경우이다.

보통 '발명은 공학자의 몫이나, 혁신은 경영자의 몫'이라고 한다. 예를 들어, 텔레비전 시장을 생각해보자. 1872년 해저 케이블 공사에서 일상적인 보수 작업을 하던 조셉 메이(Joseph May)는 셀레늄(selenium)이라는 물질이 빛의 강도를 측정하는 데 사용될 수 있음을 밝혀냈다. 이 우연한 발견 이후 10년 만에 영상을 전신으로 전송하는 완벽한 방법이 유력 학술지에 보고되었다. 그러나 이 방법이 텔레비전 방송으로 구체화되는 데에는 이후 많은 과학자와 기술자들의 노력에도 수십 년이 더 걸렸다.

공학자가 이끈 TV 발명을 우리 생활의 변화를 유도하는 혁신으로 이끈 사람은 RCA의 사르노프 사장이었다. RCA의 대표적인 사업은 라디오였고, 사르노프는 단지 TV가 라디오 사업에 부정적인 영향을 미치지 않을까 하는 우려에서

TV에 관심을 기울였을 뿐이다. 그만큼 그는 TV 개발과는 거리가 먼 인물이었다.[1]

앞서 〈표 1-1〉은 시장 개척자와 시장 지배자가 다른 제품군을 보여주고 있다. 시장 개척자가 새로운 기술을 개발하는 혁신 기업이라면, 시장 지배자는 대중 시장을 창조해 표준을 이끄는 혁신 기업이라고 할 수 있다. 기술이나 제품이 발명되어 소개된 초기 시장은 기술적 요인들이 시장을 지배한다. 그리고 이들 기술이나 제품에 대한 소비자의 수용 여부도 매우 불확실하다. 초기 시장에서는 수많은 기업들이 비슷한(혹은 전혀 다른) 기술과 제품을 가지고 진입했다가 사라지곤 한다. 시장에서는 다양한 실험이 계속 일어나고, 소비자들은 이들 실험에서 가장 유리한 것을 선택하기 위해 민첩하게 반응한다. 이러한 과정을 통해 많은 틈새시장이 형성된다.

시장이 대중화되기 위해서는 이들 틈새시장을 통합해야 한다. 시장을 통합한다는 것은 시장 지배자가 된다는 말이다. 시장 지배자가 되기 위해서는 경쟁자들이 우리 회사의 기술이나 사업 모델을 수용하도록 하고, 보완재 생산업체들이 우리 회사와 상호 운영성이 있는 제품을 생산하도록 만들며, 수많은 소비자들이 우리 회사의 기술이나 제품을 받

---

1 마르키데스, 콘스탄티노스 & 게로스키, 폴 (2005). 《Fast Second : 신시장을 지배하는 재빠른 2등 전략》 (김재문 역). 리더스북.

아들이도록 해야 한다.[2]

　이와 같은 결과를 가져다주는 것이 '표준화 전략'이다. 따라서 표준화 전쟁에서 승리하기 위해서는 표준화 전략을 적절히 펼치고 활용할 줄 알아야 한다.

2　앞의 책.

01
여럿이서 힘 합치기

보통 공동의 이해관계를 가진 기업들이 서로 협력해 경쟁사에 대해 경쟁적 우위를 확보하는 것을 '제휴'라고 한다. 표준 경쟁에서도 단일 기업의 힘만으로 시장 지배자가 되기는 힘들다. 따라서 기술력을 가진 기업들이 힘을 합치거나, 기술력을 가진 기업과 생산 역량을 보유한 기업들이 힘을 합치는 등 다양한 방법의 제휴 전략을 활용한다.

기술과 기술, 혹은 기술과 생산력의 제휴
기술력을 가진 기업들의 대표적인 제휴 사례는 앞서 이미 언급한 것으로, 필립스와 소니가 CD플레이어의 표준을 수립하기 위해 힘을 합친 경우이다. 그 외 미국이 HDTV를 표준화하는 과정에서도 기업 간의 제휴는 힘을 발휘했다.
  미국정부가 HDTV의 규격을 정하려는 시점에서 6개의 서로 다른 기술이 서로 표준이 되기 위해 경쟁을 벌이게 되었다. 가장 먼저 1990년 5월 GI(General Instrument)가 기술 규격을 제안했고, 그해 말에 경쟁 규격들이 거의 동시다발적으로 서로 다른 기술 규격을 제안하게 되었다. NBC, 필립스, 사르노프 연구센터, 톰슨전자가 ATRC(Advanced Television Research Consortium)로 참여하고, 제니스가 AT&T와, MIT가 GI와 팀을 이루어 참여했다. 그리고 NHK 시스템과 EDTV가 경쟁에 뛰어들었으나 별로 중요한 영향을 미치지는 못했다.

이러한 경쟁 상황에서 미국 연방통신위원회(FCC)는 모든 것을 디지털화한다는 원칙을 세우고 AT&T, GI, MIT, 필립스, 사르노프, 톰슨 및 제니스가 서로 제휴하도록 했다. 이 제휴로 7개사는 서로의 기술을 보완해 최고 중의 최고가 되는 HDTV 표준을 만들 수 있었다.

한편, 다음의 인텔과 대만기업의 협력 사례는 기술력과 생산 역량의 제휴를 보여준다.

메인보드 혹은 주기판으로 불리는 마더보드는 컴퓨터가 작동하기 위해 필수적인 주요 부품을 연결해주며, 컴퓨터의 가장 기본적인 모체가 된다. 1980년대와 1990년대 초반 마더보드에 최신 CPU를 탑재한 컴퓨터는 비교적 비싼 가격으로 18개월에서 24개월 정도 판매되었다. 비록 판매량은 적었지만 그 기간 동안 마더보드 제조업체는 연구 개발비를 회수할 수 있었다. 그러나 CPU 생산업체인 인텔은 이와 같은 제품 주기에

만족하지 않았다. 최장 24개월 동안 소량의 최신 CPU만을 판매할 수밖에 없었기 때문이다.

이와 같은 상황을 반전시키기 위해 1995년 인텔은 대만 마더보드 제조업체의 강력한 지원을 받아 새로운 마더보드 규격인 ATX(Advanced Technology Extended)를 발표했다. 그 전까지 PC의 대표적인 마더보드 규격은 IBM의 AT 규격이었다. 그러나 AT 규격은 애매한 점이 많아 부품들 간에 물리적 간섭이 종종 발생했다. 이러다 보니 호환 기종을 생산하는 업체들은 발매 모델마다 마더보드 메이커와 상세한 내역을 결정해야 했다. 따라서 대부분이 북미 지역에 위치하고 있는 컴퓨터 제조업체들은 소통이 편리한 곳에 마더보드 공급자를 두길 원했다. 이런 이유로 북미 지역의 마더보드 메이커는 부가가치가 높은 최고급 제품을 생산하는 반면, 대만 업체들은 질 낮은 제품을 대량 생산하고 있었다.

그러나 인텔이 주도한 마더보드의 표준화는 컴퓨터 제조업체들과 마더보드 공급자 사이의 소통의 필요성을 줄여주었다. 이는 대만의 마더보드 제조업체들이 부가가치가 낮은 제품 시장에서 부가가치가 높은 제품 시장으로 옮겨갈 수 있는 강력한 발판이 되었다. 그 결과 대만 마더보드 제조업체의 생산량은 급격히 증가해 세계 시장의 90% 이상을 점유하고, ATX 표준은 시장에 소개된 지 5년 만에 세계 시장을 지배하게 되었다.[3]

인텔의 주 관심은 자사의 기술력이 시장에서 좀 더 빠르고 광범위하게 수용되어 CPU의 판매량을 급격히 올리는 데 있

---

3 Shintaku, J. & Eto, M. (2008). *Strategic Use of Consensus-based Standards*. Tokyo: Nikkei Publishing.

었다. 인텔은 자사의 CPU 판매량을 획기적으로 올리는 데 중요한 장애 요인은 최첨단 PC의 높은 가격이라 판단했으며, 이는 현재의 시장 구조 때문이라고 생각했다. 마더보드의 표준이 정교하지 않아 컴퓨터 제조업체와 마더보드 공급자 간의 배타적 유착 관계가 필요한 시장 구조였기 때문에 최첨단 PC의 가격은 높을 수밖에 없었다. 배타적 유착 관계란 구매자와 공급자 간의 관계가 밀착되어 새로운 공급자가 끼어들 여지가 없는 상태로, 폐쇄적 거래 구조(closed market hierarchy)의 한 형태를 말한다. 이는 표준화되지 않은 마더보드의 생산에서 단기적으로 효율성을 높이기는 하나, 소량 생산과 경쟁이 이루어지지 않는 폐쇄적 거래 구조로 인해 가격의 상승을 불러올 수밖에 없었다.

따라서 인텔은 먼저 마더보드 시장에서 배타적 유착 관계를 해체하고 공개적 거래 구조(open market hierarchy)를 구축해야 했다. 이는 폐쇄적 거래 구조와 달리 구매자와 공급자가 독점적이고 배타적인 관계를 유지하는 것이 아니라, 언제든지 새로운 공급자가 구매자와 거래 관계를 형성할 수 있는 시장 구조를 말한다. 마더보드 시장의 배타적 유착 관계는 정밀하지 못한 AT 규격 때문이라는 게 인텔의 판단이었다. 따라서 앞에서도 언급했듯이 스펙(specification)이 정밀한 ATX 규격을 새로운 표준으로 제시함으로써 공개적 거래 구조가 구축될 수 있는 기반을 형성했다.

그러나 단순히 기술적으로 우위에 있다고 해서 시장 지배자가 되지는 않는다는 것을 이미 많은 사례들이 보여주었다. 마찬가지로, 인텔도 ATX를 시장 지배자로 만들기 위해서는 시장에 ATX 규격의 제품을 풍부하게 공급해줄 수 있는 파트너가 필요했다. 그동안 저부가가치 제품 생산에만 매달려야 했기 때문에 불만이 많았던 대만의 마더보드 공급자들은 인텔의 파트너로 손색이 없었다.

대만 마더보드 생산업체들은 인텔과 제휴해 시장 지배가 가능한 표준 규격의 생산 기지로 확고히 입지를 굳힐 수 있었다. 그동안 지리적 위치를 제외한 다른 면에서는 북미의 마더보드 생산업체에 비해 경쟁력을 확보하고 있었음에도 대만의 생산업체들은 저부가가치 시장에 머물 수밖에 없었다. 하지만 인텔의 표준화에 참여함으로써 고부가가치 시장으로 이동할 수 있었다. 이들 대만 업체들은 표준이라는 것이 기존 경쟁 환경에서 극복할 수 없었던 변수인 지리적 요인을 무력화시킬 수 있음을 인식했다. 그럼으로써 이들과 인텔의 전략적 제휴는 가능해졌다.

ATX 규격에 대한 대만 업체의 참여는 인텔에 선순환(virtuous cycle)의 효과를 주었다. ATX 규격 덕분에 컴퓨터 제조업체들은 마더보드를 구매할 때 특정 공급업자의 제품을 구매할 필요가 없어졌고, 따라서 공급업자 간의 경쟁이 일어났다. 또한 대만 업체들의 참여로 ATX 규격의 마더보드가 대량 생산되었다. 공급업자들 간의 경쟁과 대량 생산으로 마더보드 가격은 하락했고, 이는 PC 가격 인하로 이어졌다. PC 가격이 낮아지자 최첨단 PC 수요가 늘어났고, 이 수요 증가는 인텔의 수익을 획기적으로 높였다. 이와 같이 표준화와 연관된 제휴 전략은 기술적 제휴뿐만 아니라 생산력 있는 기업들과의 제휴도 가능하게 한다.

시장 경쟁의 위험을 줄이는 가장 효과적인 방법

기술력 있는 기업들이 힘을 합치는 경향이 높아지고 있다. 과거의 많은 사례들에서 나타나듯, 기술력 있는 기업들이 자사의 기술을 바탕으로 제품을 생산하고 시장에서 경쟁해 시장 표준을 결정하는 과정은 단일 기업들에 너무 많은 출혈을 강요한다. 그에 따라 기술을 가진 기업들은 제품 시장에서 경쟁하기 전에 제휴를 통해 평화적으로 시장을 확대하고 시장 실패에 대한 위험을 분산하고자 한다. 물론 사전에 힘을 합친다고 해서 표준을 정하는 데 얼마나 효과적일지, 제품 생산까지 성공적으로 진행될지, 참여 기업에 얼마만큼의 이익을 줄 수 있을지 정확하게 판단하기는 어렵지만 여러 가지 장점이 있는 것만은 확실하다.

제휴는 다른 기업의 자원과 기술을 공유하는 가장 효과적인 방법이다. 경쟁사들이 서로 협력하게 하고, 표준으로 만들고자 하는 기술을 시장에 광범위하게 확산시키는 데 도움을 주며, 시장이 제품에 대한 기대감을 갖도록 하여 다른 기업들이 이 제품의 보완재 생산에 적극적으로 투자하도록 만든다. 또한 시장이 아직 형성되지 않았거나 경쟁하는 다른 기술과 제품이 있는 경우라면 참여 기업들이 시장 실패에 대한 위험을 나누어 가질 수 있다는 장점도 있다.

시장에서 경쟁이 예상되는, 서로 호환성 없는 기술을 가진 기업들이 힘을 합치기로 한다면, 이들이 합의하는 기술이 상업적 성공을 가져올 것이라는 매우 긍정적인 신호를 시장에 보내는 셈이다. CD플레이어와 관련해 소니와 필립스가 힘을 합친 일은 앞서 언급한 기술력을 가진 기업들의 제휴 이상의 의미를 가지고 있다. 기술적으로 호환성이 없던 이들의 기술이 하나가 됨으로써 시장 지배자에 대한 소비자들의 혼란을 잠재울 수 있었다. 잠재적 경쟁사들인 다른 가전업체들이 새로운 기술의 개발을 포기하고 이들의 제휴에 적극적으로 참여하도록 만드는 효과도 얻었다. 또한 보완재를 생산하는 음반업체들이 소니와 필립스의 기술에 적용될 수 있는 CD 디스크를 생산하도록 했다.

퀄컴(Qualcomm)과 한국기업의 제휴는 라이선싱에 의한 국제 분업이다. 제2세대 이동통신인 CDMA 방식에서의 퀄컴의 성공은 기술을 보유하고 있는 선진기업과 시장 및 생산 기반을 갖춘 신흥공업국인 한국의 기업이 힘을 합쳤기에 가능했다. 1990년대 초반 이동통신 선도 기술을 보유한 퀄컴은 소규모 기업으로, 자사의 기술을 국제 표준으로 만들고 세계 시장에 보급해줄 파트너가 필요했다. 그리고 1989년 한국정부는 디지털 이동통신을 '국가 핵심 전략 산업'으로 선정하고 통신 방식을 결정해야 했다. 당시 정보통신부와 통상산업부는 서로 다른 방식을 선호했는데, 정보통신부는 기술적 우위성과 기술 도입의 용이성을 들어 CDMA 방식을 지지했고, 통상산업부는 해외 시장의 크기를 고려해 GSM 방식을 기초로 한 TDMA 방식을 지지했다.

그러나 GSM 표준화 선도 기업들은 기존의 멤버들 외에는 특허를 공유할 생각이 없었다. 그들의 주된 관심사는 GSM 인프라를 판매하는 데 있었고, GSM 기술의 제공에는 매우 소극적이었다. 반면, 퀄컴은 1989년 CDMA 방식의 표준화를 제안한 상태에 불과해 자신의 표준을 국제 표준으로 이끌어주면서 상업적으로 성공할 수 있는 충분한 배경 시장을 가진 국가가 필요했다. 따라서 독자적 기술력 확보가 가장 큰 관심사였던 한국정부와 세계 시장 진출이 주요 목적이었던 퀄컴은 서로를 최선의 파트너로 인식했다. 퀄컴과 한국기업의 제휴는 기술 선도 기업이 라이선싱을 통해 신흥공업국 기업에 기술을 제공함으로써 선도 기술의 국제 표준화를 달성하고, 동시에 신흥공업국 기업의 제품 판매가 늘어남으로써 기술 선도 기업의 이익이 증가하는 매우 성공적인 비즈니스 모델을 보여주고 있다.

02
숨어서 표준 영역 확대하기

인텔의 표준화 전략

표준은 기술력을 가진 기업이 경쟁력을 확보하는 데 매우 중요한 도구이다. 자사의 기술을 표준화, 특히 국제 표준화 시킴으로써 자사의 제품 시장을 급속도로 확대할 수 있으며, 이를 통해 많은 이익을 얻을 수 있다. 그러나 세상 모든 일이 그렇듯 항상 좋은 면만 있을 수는 없다. 표준화 전략을 잘못 시도하면 경쟁 상대의 참여를 불러오거나 자사의 기술이 유출될 위험성이 있다.

경쟁하는 기술이 있다면 이 경쟁에서 이기기 위한 좋은 방법 중 하나는 자사 기술의 보급을 확대하는 것이다. 기술의 보급 속도를 결정하는 요인 중 하나는 표준화 영역의 크기이다. 즉 표준화에 의해 공개되는 영역이 크면 클수록 보급 속도는 빨라질 것이다. 다시 말해, 표준화되는 영역을 확대하거나 지식재산을 무상으로 공개하면 보급 속도 또한 빨라질 것이다.

그러나 이와 같은 표준 영역의 확대는 자사의 노하우를 일정 부분 공개해야 가능하고, 공개된 기술을 활용한 새로운 참여 기업은 시장에서 자사의 추가적 경쟁사가 된다. 따라서 표준화 전략을 추진할 때 이와 같은 시장 상황에 대해 정확히 이해하지 못하면 표준화를 선도하는 기업의 경쟁 우위는 확보되기 어려울 것이다.

이러한 현상이 가장 잘 나타난 사례가 앞서 살펴본 일본의 자전거 부품 표준화이다. 일본 자전거 부품의 표준화를 주도한 일본정부는 개별 기업의 경쟁력이 아닌 전체 산업 경쟁력에 관심이 있었기 때문에 자전거 부품에 관한 규격을 완전히 공개했다. 그에 따라 중국과 같은 신흥공업국 기업들이 시장에 참여할 수 있었고, 사례에서와 같은 현상이 나타났다. 반면, 인텔은 표준화를 통해 이룩하고자 하는 목표의 명확성과 자사의 비즈니스 모델에 대한 정확한 이해를 바탕으로 표준화를 추진해 시장에서 성공한 사례라고 하겠다.

인텔은 CPU를 대량 판매해 CPU 개발 비용을 회수하고 엄청난 수익을 올리고 있다. 우리는 보통 인텔이 CPU 연구 개발에 엄청난 투자를 하여 그에 대한 수익을 천문학적으로 올리고 있다고 생각한다. 물론 인텔이 뛰어난 기술력과 마케팅 능력으로 CPU 시장에서 독점적 위치를 구가하는 것은 사실이지만, 이것만으로 인텔의 성공을 설명하기는 좀 아쉬운 면이 있다.

컴퓨터 보급을 확대해 CPU를 대량 보급할 수 있도록 하는 것이 인텔의 기본 전략이다. 이를 위해서는 컴퓨터 가격이 지속적으로 하락할 수 있도록 하는 것이 중요하고, 이는 컴퓨터 부품의 표준화를 통해 이룩할 수 있었다. 앞의 사례에서 보듯이 인텔은 마더보드의 표준화에 적극적으로 참여했고, 로컬 버스, 시스템 버스, 주변 기기 버스(USB 1.0, USB 2.0), 하드디스크 드라이브(HDD) 인터페이스, 메모리 인터페이스 등등 매우 많은 분야의 컴퓨터 관련 표준화를 주도했다.

이와 같은 표준화의 추진으로 최첨단 CPU를 표준화된 마더보드에 탑재해 대량으로 유통할 수 있었고, 표준화된 외부 인터페이스로 연결되는 HDD의 경우 이들 공급업체 간의 가격 경쟁을 일으켰다. 그 결과 2003년 HDD 가격은 1995년 기준 약 40%까지 떨어졌고, 평균 컴퓨터 가격은 60% 정도 하락했다. 컴퓨터 가격이 낮아지자 최신 컴퓨터를 대량으로 판매할 수 있었고, 과거에는 어려웠던 개도국에 대한 판매도 가능해졌다. 인텔의 표준화 전략이 CPU 대량 판매를 가능하게 만든 것이다.[4]

인텔의 표준화 전략은 많은 점을 시사하고 있다. 먼저 인텔은 정확하게 자사의 비즈니스 모델을 파악하고 그에 따른 적절한 표준화 전략을 구사했다. 즉 CPU 판매의 핵은 컴퓨터의 대량 보급이며 이를 위해서는 컴퓨터 제조 비용이 전반적으로 낮아져야 함을 인식하고, 자사의 영역은 공개하지

---

4 *Ibid.*

않는 범위에서 표준화를 추진했다. 표준화를 통해 전략적 목표인 부품 공급업체들의 가격 경쟁과 대량 생산을 유도했고, CPU 수익을 극대화할 수 있는 비즈니스 모델을 가지고 있었던 것이다.

앞에서도 논의했듯이 표준화 영역의 확대나 축소는 기업에는 양날의 칼과 같다. 그런 면에서 자사의 강점이 있는 곳이 아니라 자사의 제품 시장을 확대할 수 있는 영역을 표준화시키는 인텔의 전략은 매우 뛰어나다고 할 수 있다.

보완재 시장 키우기

정확히 일치하는 것은 아니지만, 인텔의 CPU와 다른 부품과의 관계는 핵심 제품과 보완재와의 관계로 유추해볼 수 있다. 컴퓨터 부품 중 가장 중요하고 많은 부가가치를 가지고 있는 것이 CPU이다. CPU는 모든 컴퓨터의 작동 과정을 제어하는 것으로 인간의 뇌에 해당한다. 그 외의 부품들은 CPU를 이용해 성능을 발휘하고 있다. 따라서 CPU가 없으면 다른 부품들은 쓸모가 없게 된다. 마찬가지로, 보완재는 핵심 제품의 성능을 활용해 그 성과를 소비자에게 제공하는 것으로, 핵심 제품이 없다면 보완재는 아무런 의미가 없다. 쉬운 예가 DVD플레이어가 없는 DVD 영상물이다.

이러한 관점에서 인텔의 표준화 전략은 보완재가 중요한 제품 시장에도 적용할 수 있다. 보완재 시장의 확대는 핵심 제품의 효용성을 높이고 결과적으로 그 핵심 제품을 시장의 표준으로 만드는 데 매우 중요한 역할을 수행한다. 앞서 보았던 VCR 시장 경쟁과 DVD 규격을 결정할 때 보완재 생산 업계인 영화 산업의 영향력이 결정적이었던 이유는 이들 핵심 제품의 성과가 결정적으로 보완재에 의해 영향을 받기 때문이다. 따라서 보완재 시장의 성장은 핵심 제품의 성장에 매우 중요한 영향을 미친다.

핵심 제품을 보유하고 있는 기업의 경우 보완재 시장은 경쟁이 치열해야만 유리하다. 보완재 시장이 독과점의 형태를 띠게 된다면 보완재 시장의 성장은 이들 독과점 기업에 유리한 형태로 결정되고, 그에 따라 핵심 시장의 성장도 이들 기업의 결정에 의해 좌지우지될 것이다.

따라서 이 경우 핵심 제품을 생산하는 기업은 이들 보완재가 제품(product)보다는 일상재(commodity)적 성격을 띠도록 만들어야 한다. 보통, 제품과 일상재를 구분하는 기준은 '브랜드가 제품 구매 결정에 영향을 미치느냐'에 있다. 예를 들어, 진통제를 구입할 때 특정 브랜드의 진통제를 원한다면 그 진통제는 제품이다. 반면, 특정 브랜드를 고집하지 않고 아무 진통제나 구입하려 한다면 일상재가 된다. 상품이 제품화되면 차별화 전략이 가능하지만, 제품이 일상재화되면 기업은 비용 우위 전략 이외에 다른 전략을 추구하기 어렵다.

이처럼 일상재가 된다는 것은 차별화가 어렵다는 뜻이다.

그리고 보완재를 일상재로 만들기 위해서는 보완재를 생산하는 모든 업체들이 제품을 생산할 때 표준화를 통해 동일한 규격을 적용받도록 해야 한다. 이렇게 일상재가 되는 시장에서는 반드시 경쟁이 치열해지고, 따라서 시장의 주도권은 핵심 제품을 생산하는 곳에서 가져갈 확률이 높아진다. 인텔도 자사가 보유하고 있는 핵심 기술 부품은 전혀 공개하지 않은 상태에서 다른 보완재 부품을 표준화시켜 이들을 일상재화시키고, 일상재를 생산하는 업체들의 치열한 가격 경쟁을 유도함으로써 컴퓨터 완제품의 가격을 낮췄다.

인텔의 경우와는 조금 성격이 다르지만 MS의 기본 철학은 보완재 시장을 철저히 경쟁 시장으로 만들고, 그에 따라 특정 업체가 보완재 시장을 좌지우지하지 않도록 하는 것이다. 보완재 성격을 띤 다른 업체의 응용 소프트웨어가 시장에서 성공을 거두고, 보완재 시장에서 해당 소프트웨어 개발자의 영향력이 커질 경우 MS는 그 소프트웨어에 대한 권리를 사들였다. 이러한 경향에 따라 '소프트웨어를 개발해 새로운 시장을 형성하고 MS에 소프트웨어를 파라'는 것이 업계의 일반적인 용어가 되어버렸다.

2차원 바코드인 QR(Quick Response)코드를 개발한 일본의 덴소웨이브는 표준 영역에 대한 조절을 보완재 영역에서 한 경우로, 앞의 사례와는 조금 다른 특징을 보여주고 있다. QR 코드는 리더기로 읽기 쉽게 하려고 개발한 2차원 코드로,

1994년 발표되어 2000년 국제표준화기구(ISO)에서 정식으로 국제 표준으로 인정받았으며, 현재 2차원 바코드 부문에서 가장 널리 알려져 있다.

QR코드는 기존의 바코드보다 훨씬 많은 정보를 입력할 수 있으며, 생산 현장에서 발생할 수 있는 훼손에도 크게 영향을 받지 않도록 개발되었다. 그런데 덴소웨이브는 QR코드에 대해 특허권을 행사하지 않고 기술상의 내용을 완전히 개방했으며, 이에 따라 QR코드는 다양한 분야에서 널리 활용되고 있다. 대신에 덴소웨이브는 QR코드를 읽는 리더기를 제조, 판매하여 막대한 수익을 올리고 있다. 바코드 시스템의 표준화와 완전한 공개를 통해 시장을 확대시키고, 차별화는 리더기에서 이루고 있는 것이다. 덴소웨이브는 업계의 특성에 맞는 리더기나 필요한 소프트웨어를 개발해 차별적 특성을 갖추고 시장을 공략하고 있다.

'숨어서 표준 영역을 확대한다'는 것은 자사의 기술 영역을 표준화시켜 시장을 확장한다는 뜻이 아니다. 자사의 기술 영역이 핵심 가치를 이루는 경우에는 보완적 관계의 시장을 표준화시켜 자사의 핵심 제품 시장을 키운다는 뜻이다.

자사의 핵심 제품과 보완재의 통합이 고객에게 더 많은 부가가치를 주는 게 아니라면 보완재 시장에는 참여하지 않는 것이 유리하다. 핵심 제품을 생산하는 기업이 보완재 시장에 참여하면 대부분의 경우 다른 기업들은 보완재 시장에 적극적으로 참여하기를 꺼리게 되고, 이는 보완재 시장의 성장을 방해한다. 따라서 핵심 제품을 생산하는 기업은 표준화를 통해 보완재 시장의 혁신을 자극하고, 그 자극이 자사 핵심 제품의 수요를 불러일으키도록 해야 할 것이다.

03

움직이는 과녁 되기

표준전쟁은 한 번으로 끝나지 않는다

앞의 인텔 사례에서 알 수 있듯, 많은 경우 표준화 영역은 대만과 같은 신흥공업국의 기업들이 차지하고, 표준화를 통한 시장 확대의 이익은 인텔과 같은 표준화 선도 기업이 즐기게 된다. 표준화는 일반적으로 특정한 기술 영역을 공개하는 것을 의미하고, 이는 새로운 시장 참여자를 유도한다. 그리고 시장 참여자의 수가 늘어남에 따라 시장에서의 경쟁은 더욱 치열해지고 이익은 줄어들게 된다.

신흥공업국의 제조업체들은 선진국 제조업체들에 비해 저비용 구조를 가지고 있기 때문에 표준화된 영역에 뛰어들 수 있다. 이 경우 기술력 있는 표준화 리더 기업은 표준전쟁에서 승리한 이후 어떻게 해야 시장에서 최선의 성과를 지속적으로 얻을 수 있을까 고민하게 된다. 표준전쟁에서 승리했다는 것은 승리한 기업이 당분간 시장에서 특혜를 누릴 수 있음을 의미한다. 이 특혜를 어떻게 이용해야 시장에서의 경쟁 우위를 지속적으로 유지할 수 있을 것인가 하는 점이 기술을 선도하는 기업의 중요한 전략적 관심사이다.

오늘날의 경영 환경에서 표준전쟁은 한 번으로 끝나지 않는다. 따라서 표준화를 통해 경쟁력을 확보한 기업이 지속적으로 경쟁 우위를 유지하기 위해서는 '움직이는 과녁'이 되어야 한다. 움직이지 않는 과녁은 후발주자의 정조준 사격에서 살아남기 어려울 것이다.

기술 진보는 끊임없이 일어난다. 차세대 기술 동향에 대한 초점을 놓친다면 아마도 전혀 예기치 못한 곳에서 큰 반격을 받을 수 있다. 특히 초기 기술 단계에서 승리한 기업이라면 과도하게 마신 샴페인 때문에 후발주자의 과녁에 정조준되기 쉽다. 앞서 예를 든 것처럼 PDA 시장을 개척한 것은 애플이었으나, 실제 승리자는 HP와 팜이 되고 말았다. 후발주자인 HP와 팜은 시장 개척자인 애플이 시장을 충분히 형성하지 못하고 있을 때 초기 기술과는 호환되지 않는 기술로 애플을 겨냥하고, 성숙되지 않은 인스톨드 베이스를 흔들었기 때문에 승리할 수 있었다.

반면, 인텔이나 MS 같은 경우 자사 제품을 지속적으로 개량하고 이들이 새로운 시장 표준이 되도록 하고 있다. 인텔은 X86 시리즈의 CPU를 지속적으로 개발하고 시장에 선보였다. 물론 특허권을 이용한 기술 방어도 중요한 역할을 했지만, 기본적으로 인텔은 지속적인 기술 개발을 통해 움직이는 과녁이 되었기에 시장에서 경쟁 기업들의 모방을 어렵게 만들었다.

마찬가지로, MS도 계속 윈도를 업그레이드해 일반 소비자의 요구 사항을 충족시키고 있다. 또한 윈도 플랫폼[5]이 소프트웨어 개발업체의 생산성을 향상시킬 수 있도록 지속적으로 개선함으로써 이들 개발업체들이 자발적으로 MS의 제품을 받아들이도록 하고 있다. 이러한 활발한 전략적 활동 덕분에 MS 제품은 시장의 표준으로서 위치를 강화하고 있다. 한 조사에 따르면, 2000년을 기준으로 미국의 소프트웨어 개발업체가 개발한 응용 소프트웨어의 84%는 MS의 소프트웨어 환경에서 구동될 수 있는 것이었다.[6]

이와 같은 전략은 자사의 제품을 지속적으로 업그레이드시켜 기존 제품을 구닥다리로 만듦으로써 경쟁사들의 정조준 과녁에서 벗어나는 것이다. 또한 시장 참여자들이 새로운 제품을 수용하는 데 어려움이 없도록 새로운 제품을 과거 제품과 호환되도록 하여 과거에 구매했던 보완재가 장애가 되지 않도록 하고 있다.

---

5 플랫폼이란 기본적인 동일성은 유지하면서 다양한 제품들이 나올 수 있는 바탕을 의미한다.
6 Iansiti, M. & Levien, R. (2004). *The Keystone Advantage*. Harvard Business School Press.

GSM 휴대전화기의 표준화 사례

다음 사례는 시장의 표준을 장악하고 있지만 지속적으로 움직이는 과녁이 되어 시장 지배력을 유지하는 전략을 잘 보여주고 있다.

GSM 이동통신의 통신 구조를 보면 공개되지 않은 블랙박스 영역인 제어기지국과 세계 각국의 기업들이 생산할 수 있는 휴대 단말기 영역이 있으며, 이 사이에 완전 공개되어 표준화된 무선 인터페이스가 있다. 다음 그림은 GSM 이동통신 시스템을 보여주고 있다.

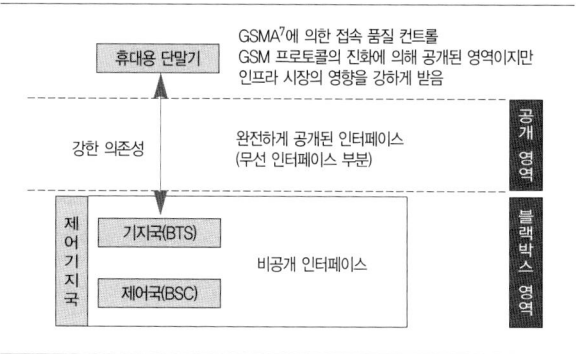

일반적으로 완전하게 공개된 무선 인터페이스로 인해 휴대전화 시장에서는 개도국 중심의 신규 참여 기업이 등장해 치열한 경쟁을 벌여야 한다. 그러나 실제로는 무선 인터페이스 표준 규격을 리드한 GSM 표준화

---

7 GSMA(GSM Association)는 GSM 이동통신 시스템의 표준화 및 보급, 확산을 목적으로 구성된 이동통신사와 관련 기업들의 협회이다.

선도 기업이 휴대전화기 시장에서 경쟁력을 가지고 있다. 이와 같은 현상이 발생하는 것은 블랙박스로 있는 인프라 시장이 휴대전화기 시장에 영향을 주기 때문이다.

인터페이스가 완전히 공개된 상황에서 인프라인 제어기지국이 휴대전화기에 영향을 준다는 것은 생각하기 어렵다. 그럼에도 이러한 일이 발생하는 것은 표준 인터페이스인 GSM 프로토콜이 지속적으로 업그레이드되어 개정되기 때문이다. 인터페이스 표준이 지속적으로 업그레이드되기 때문에 휴대전화기와 인프라의 접속성은 계속 확인되어야 한다. 이들 설비의 접속성이 보장되지 않는다면 좋은 통화 품질을 소비자에게 제공하기 어렵다. 이로 인해 양 영역의 의존성이 강해져 GSM 방식을 처음으로 도입하여 신규 시장이 형성되는 경우나 기존 시장에 새로이 참여하는 이동통신사는 휴대전화기와 인프라 설비 일체를 구매하는 경우가 많다. 그리고 인프라 설비 시장에서는 GSM 기술을 개발해 표준화를 선도한 기업들이 기술 노하우를 가지고 압도적 우위를 확보하고 있다.

GSM 표준화 선도 기업들은 인프라 시장과 휴대전화기 시장의 높은 의존성에 따라 표준화된 영역인 인터페이스 표준을 지속적으로 업그레이드해 다른 기업들이 정조준하기 어렵게 함으로써 시장에서 지속적인 경쟁 우위를 확보하고 있다.[8]

이동통신 시스템은 휴대전화기와 제어기지국 사이의 접속 품질을 보장해야 한다. 이는 GSM 표준화 선도 기업들이 시장 경쟁력을 유지할 수 있게 해준다. GSM 이동통신사가

---

8 Shintaku, J. & Eto, M. (2008). *op. cit.*

단말기, 즉 휴대전화기를 판매할 경우 GSMA가 접속 품질을 인증한 휴대전화기를 조달해 판매한다. GSMA의 인증을 받지 않은 휴대전화기는 접속 품질을 보장받지 못하기 때문에 인증받지 않은 제품을 조달하는 경우는 거의 없다. 따라서 이들 표준을 선도하는 기업은 내년 개정되는 표준 인터페이스로 인해 접속 품질을 보장받는 것이 유리할 수밖에 없으므로 경쟁력을 유지할 수 있다. 이는 표준화 선도 기업이 후발주자의 정조준에서 벗어날 수 있도록 매년 개정되는 GSM 프로토콜 표준이 움직이는 과녁의 역할을 하고 있음을 말해준다.

삼성의 LCD 표준화 사례

샤프 등과 같은 일본 업체들이 LCD 시장을 지배하던 1990년대 중반, 당시 일본 업체들은 LCD의 표준 크기를 기존의 10.4인치에서 11.3인치로 바꾸었다. 이후 삼성전자는 시장분석을 통해 차기 표준을 12.1인치로 결정하고 투자를 했다. LCD 패널업계의 표준화는 궁극적으로 이들 LCD 패널을 이용해 완성품을 생산하는 세트 업체들이 어떤 인치대를 선택하느냐에 따라 결정된다. 표준화 경쟁에서 밀릴 경우 LCD 패널업체는 시장에서 도태될 수밖에 없기 때문에 인치 전쟁은 LCD 패널업체의 사활이 걸린 것이라고 해도 과언이 아니다.

물론 LCD 크기와 관련된 표준전쟁은 제품 자체의 기술을 차별화하기 위한 것은 아니다. 이는 자사의 양산 시스템에 적합한 크기가 표준이 되도록 만드는 것이다. 이를 통해 그 회사는 가격 경쟁력을 갖고 시장 지배자가 될 수 있다. 이것은 앞의 사례에서 본 소니처럼 기술적으로 완전히 다른 제품을 갖고 시장에서 경쟁하는 것과는 성격이 다르나, 표준을 선점하는 기업이 시장의 승리자가 되는 면에서는 같다고 볼 수 있다.

기존 시장 주도 세력에 대한 삼성전자의 이와 같은 반격은 철저한 시장 분석과 기술력 덕분이었고, 결과적으로 삼성의 표준인 12.1인치가 노트북 PC의 표준으로 자리 잡게 되었다. 이후 삼성전자는 지속적인 투자를 통해 14.1인치, 17인치, 19인치 등으로 업계의 표준을 이어나갔다.

LCD 패널업체들은 차세대 생산 라인 증설을 두고 치열한 표준전쟁을 벌인다. 몇 세대 생산 라인을 표준으로 하느냐에 따라 시장을 선도할 수도 있고, 도태될 수도 있기 때문이다. 이런 관점에서 삼성전자의 LCD 패널 사업은 기술력을 토대로 움직이는 과녁이 되어왔다고 할 수 있다. 특히 삼성전자는 기존 LCD 크기의 한계를 뛰어넘는 40인치 LCD를 개발해 업계의 표준화 선도 기업으로서의 위상을 강화했으며, 이는 현재 대형 TV의 표준으로 자리 잡고 있다. 현재 8세대 LCD 생산 체계에서 9, 10세대를 뛰어넘어 11세대로 투자 방향을 설정한 삼성전자는 당분간 업계의 표준화 경쟁에서

● 그림 3-1 삼성전자와 소니의 매출액 추세 비교

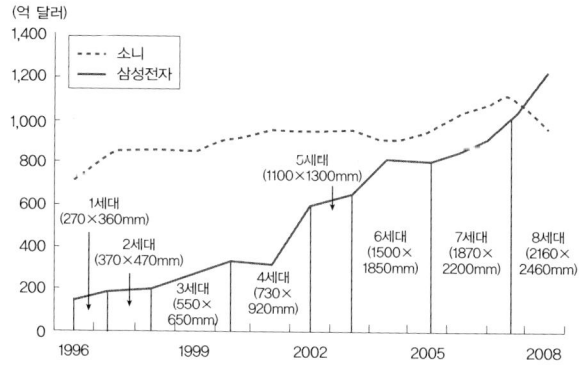

자료: *Samsung Electronics Annual Report 2008*; *Sony Annual Report 2009*에서 재구성.

후발주자들이 정조준하기 어려운 위치를 유지할 것으로 보인다.

〈그림 3-1〉은 삼성전자와 소니의 매출액 추세를 비교하고 삼성전자가 새로운 LCD 패널 규격을 생산한 시기를 정리한 것이다. 물론 삼성전자의 매출액 성장이 순전히 LCD 패널의 성과에 의한 것만은 아닐 것이다. 그러나 적어도 앞의 〈그림 2-3〉에서처럼 소니의 경우 표준전쟁에서 패배해 성장 동력이 꺾였다면, 삼성전자는 새로운 LCD 패널 규격을 도입해 업계의 표준이 되게 함으로써 소니이 겪으 있는 된ㄴ 표준신쟁에서 승리하여 성장에 박차를 가하게 되었음을 충분히 유추해볼 수 있다.

3 표준전쟁에서 이기기 위한 5가지 전략 | 119

후발주자의 추격에서 벗어나려면?

이미 시장에서 기득권을 행사하고 있는 기업들은 같은 규칙으로 승부하는 기존 시장에서는 경쟁력을 잘 발휘한다. 표준은 앞서 논의했듯이 게임의 규칙을 정하는 것이다. 표준을 선점하고 그에 따라 동일한 게임의 규칙이 적용되는 시장에서는 이들 기업이 훌륭한 기득권 방어 성적표를 보여주고 있다. 그러나 다른 방식으로 게임을 펼치면서 공격해오는 후발주자에게는 제대로 대응을 못하고 무력해지기 쉽다.

복사기의 대명사 제록스를 생각해보자. 중국의 자전(字典)을 '옥편(玉篇)'이라고 쉽게 이야기하지만, 옥편은 보통명사가 아니라 중국 자전 중의 하나로 고유명사이다. 그러나 워낙 유명한 자전이라 보통명사화되어 옥편이라고 하면 중국 자전을 말하는 것으로 여겨지고 있다. 마찬가지로, 제록스도 워낙 복사기로 유명하다 보니 고유명사이지만 '복사하다'라는 동사로 쓰이기까지 한다. 따라서 제록스가 IBM이나 코닥 같은 쟁쟁한 경쟁사들과 경쟁하는 데에는 큰 어려움이 없었다. 이들은 제록스가 정해놓은 게임의 규칙을 적용하고 있었기 때문이다.

그러나 이 거대한 제록스도 무명의 일본 카메라 제조사인 캐논에는 패배했다. 캐논이 가지고 있는 정밀 광학기술과 첨단 전자기술의 조합은 과거 제록스가 안주하고 있던 시장에서의 게임의 법칙을 없애버리고 정확하게 제록스를 정조준했기 때문이다. 제록스는 전혀 움직이는 과녁이 아니었고, 아주 쉽게 후발주자의 사정거리에서 아무런 대비 없이 자신을 노출시키고 있었다.

표준이라는 것은 한번 설정이 되고 나면 변하기 어렵다. 그러나 표준을 먼저 점유한 기업이라도 기술 환경 변화에 적절히 대처하지 못하면서 기존에 점유한 시장으로부터 단맛만 보기를 원한다면 그 위치를 지속적으로 유지하기 힘들다. 앞의 사례에서처럼 업계의 표준이 되는 것 못지않게 후발주자의 추격에서 벗어나는 것도 매우 중요하며, 이를 위해서는 기술 혁신을 통해 움직이는 과녁이 되어야 한다.

04
인터페이스 표준을 활용해 독자 기술 살리기

인터페이스 표준은 서로 다른 시장을 연결한다. 여기서 인터페이스란 제품과 제품이 서로 상호 연결되어 운영할 수 있도록 해주는 물리적 매개체를 말한다. 예를 들어, 컴퓨터와 컴퓨터 주변 기기인 프린터를 서로 연결해 사용할 수 있는 것은 컴퓨터와 프린터를 연결시켜주는 인터페이스가 있기 때문이다. 그리고 특정 컴퓨터에 특정 프린터만 연결하지 않고 아무 프린터나 연결해도 작동하는 것은 인터페이스가 표준화되었기 때문이다. 따라서 컴퓨터 시장과 프린터 시장은 서로 연결되어 있고, 이는 한쪽 시장의 성장이 다른 시장의 성장에 영향을 줄 수 있다는 뜻이다.

인터페이스 표준은 독립된 제품 영역인 A와 B를 연결해 하나의 완전한 제품 시스템으로 만들어준다. 따라서 이들 영역에서 개별적으로 혁신이 추구될 수 있다. A영역에서는 완전한 표준화를 추구하여 신흥공업국의 기업들이 시장에 진출할 수 있도록 하고, B영역은 자사의 독자적 기술 영역으로 확보한다. 완전한 제품 시스템은 A영역과 B영역의 인터페이스 표준을 이용해 완성한다. A영역의 완전한 표준화는 A영역 시장에 참여하는 기업의 수를 늘려주고, 이에 따라 경쟁이 강화되어 시장 가격은 하락한다. 시장 가격이 낮아지면 수요가 증가하고, 이는 A영역 시장의 성장 및 인터페이스 표준으로 연결되는 B영역의 성장을 자연스럽게 이끈다.

자전거 산업을 통해 본 인터페이스 표준

다음은 2009년 6월 9일 《연합뉴스》 기사로, 한국의 자전거 부품 생산 중소기업이 일본의 세계적 자전거 부품 회사인 시마노를 상대로 특허 소송을 제기해 승소했다는 내용이다.

> 국내 자전거 부품 전문업체인 ㈜엠비아이가 세계 최대 자전거 회사인 일본 시마노사(社)를 상대로 1조 원 규모의 특허권 소송에서 승소했다. 이번 소송은 특히 국내 중소기업의 특허권 소송 가운데 역대 최대 규모로, 자전거 변속기를 비롯한 한국의 녹색 성장 관련 기술력을 전 세계에 알리는 계기가 될 것으로 엠비아이는 기대했다.
>
> 8일 관련 업계에 따르면 엠비아이는 지난 4월 6일 시마노사가 일본 특허청에 낸 자전거 변속기 특허권 침해 및 손해배상 청구 소송 무효 심판 청구 심결에서 승소했다. 시마노사는 엠비아이가 앞서 2008년 3월 27일 독일 뒤셀도르프 지방법원에 자전거 변속기 특허권 침해 및 손해배상 청

구 소송을 제기하자 자국 특허청에 특허 무효 심판을 청구했었다. 일본 특허청은 심결 당시 피해 배상 규모를 적시하지 않았으나 소송비 전액을 원고인 시마노사에 부담시키는 등 전적으로 엠비아이 측 손을 들어줬다고 엠비아이 측은 전했다.

엠비아이는 또 시마노 측의 합의 제안에 대해 2004년부터 현재까지의 손해배상과 남은 독점적 특허 권리 기간의 로열티를 합쳐 약 1조 원의 합의 금액을 제안했다고 밝혔다. […]

회사 관계자는 "2008년 5월 7일 우리나라 특허청으로부터 해외 소송비 지원 사업으로 5,000만 원을 지원받아 소송을 진행할 수 있었다"며 "향후 시마노사의 자전거 변속기 특허권 침해에 강력히 대응할 방침이며, 국내 자전거 부품 기술의 우수성을 바탕으로 전 세계 시장을 공략할 계획"이라고 말했다.

이 기사에서 주목할 것은 한국의 기업이 특허권을 행사해 일본의 거대기업으로부터 1조 원의 로열티를 받는다는 사실이 아니다. 물론 한국 업체가, 그것도 중소기업이 세계적 기업을 상대로 로열티를 징수할 수 있다는 것은 분명 대단한 일임에 틀림없다. 그러나 앞서 일본 자전거 산업의 사례에서 보았듯, 일본정부의 자전거 규격 발표로 일본의 자전거 완성품 업체가 전멸한 상황에서 로열티를 1조 원 정도나 지급할 수 있는 규모로 시마노를 성장시킨 비즈니스 모델이 더욱 관심을 끈다고 하겠다.

자전거 산업은 표준화가 충분히 이루어진 산업계이다. 이러한 산업 구조에서는 선진국 기업들이 신흥공업국 기업들과 표준화된 영역에서 경쟁하기 어렵다. 1921년 일본 오사카에 설립된 시마노는 1950년대 이후 변속기와 프리휠에 집중해 자전거 부품을 개발, 생산하고 있다. 시마노는 표준화된 부품이 아니라 자신들만의 고유한 기술로 만든 부품을 생산하고 있으며, 이들 부품 기술은 특허로 보호받고 있다. 시마노의 부품은 인터페이스 표준을 이용해 거의 모든 종류의 자전거에 부착될 수 있기 때문에 자전거 완성업체들은 자사 완성품 자전거의 성능을 높이기 위해 시마노 부품을 구입하고 있다.

이와 같은 비즈니스 모델은 인터페이스 표준을 잘 활용했기에 가능했다. 자전거 시스템의 일반적 영역(A영역)은 완전한 표준화로 인해 많은 업체들이 경쟁하고, 따라서 시장은 확대된다. 반면, 자전거 성능에 결정적인 영향을 미치는 변속기 부분(B영역)은 블랙박스로 공개하지 않더라도 인터페이스 표준은 A영역과 상호 운영이 되도록 한다. 따라서 B영역 시장은 A영역 시장의 성장에 따라 성장하게 된다. 물론 B영역 시장과 A영역 시장의 크기가 동일하지는 않겠지만, 비교적 명확하게 A영역 시장의 크기가 B영역 시장의 성장을 이끈다고 할 수 있다.

05

부품에 의한 플랫폼 구축하기

부가가치를 창출하는 핵심 부품

표준이 보급되어 해당 제품에 대한 혁신이 충분히 이루어진 경우, 그 제품의 부가가치는 부품 분야에서 이루어질 가능성이 높다. 표준이 정해진다는 것은 제품이 어느 기능을 만족해야 하는지 정해진다는 뜻이고, 기능이 정해진다는 것은 해당 기능을 만족시키기 위한 제품의 사양이 어느 정도 고정된다는 말이다. 그리고 사양의 고정은 그것을 실현하기 위한 부품이 정해진다는 의미이다.

부품은 제품의 실행이나 성능에 영향을 미치는 핵심 부품 및 그 외의 것과 관련 있는 주변 부품으로 나뉜다. 표준화된 완성품 시장에는 신규 업체의 참여가 늘어난다. 이들 신규 업체는 주로 신흥공업국의 기업들이며, 대부분 핵심 부품을 생산할 능력을 갖추지 못하여 이를 구매해 완성품을 생산한다. 따라서 핵심 부품에 많은 부가가치가 이동된다. 그리고 부품의 구조가 완성품 업체들이 쉽게 사용하고 완성품의 성능을 향상시켜줄 수 있도록 개선되었다면, 완성품 제조업체는 이 차별화된 핵심 부품을 구매해 생산할 것이다. 그에 따라 부가가치는 이 핵심 부품으로 이동하게 된다.

이와 같이 핵심 부품의 구조를 변경하는 대표적인 예가 몇 가지 부품을 통합해 하나의 플랫폼으로 제공하는 것이다. 일본의 산요전기와 대만의 미디어텍이 DVD플레이어에서 구축한 플랫폼 전략이 핵심 부품에 부가가치를 집중시킨 성공적 사례이다.

DVD 표준화는 저장 장치로서의 DVD 드라이버 표준과 영상 재생 장치로서의 DVD플레이어 표준, 이 2가지 형태로 논의되었다. 그런데 저장 장치의 경우에는 DVD 드라이버의 속도 경쟁이 가치 있었으나, DVD플레이어의 경우에는 큰 의미가 없었다. 또한 DVD 드라이버에 영상 처리를 위한 고집적 회로(LSI)를 부착하면 영상 재생을 위한 DVD플레이어가 되나, 이 방식은 비용이 너무 많이 들어 적합하지 않았다.

이에 산요는 디지털 데이터를 읽거나 쓰는 데 사용되는 OPU(Optical Pick Up)를 탑재한 플랫폼 DV34를 제공했는데, 이는 DVD와 CD에 함께 쓸 수 있었다. 한편, 대만의 미디어텍은 DVD의 고집적 회로와 관련해 ASSP(Application Specific Standard Product)를 개발했다. ASSP란 특정 용도로 개발된 고집적 회로로서 특정 회사의 요구로 만들어지는 경우가 일반적이나, 이에 대한 평가가 좋으면 일반 사용자용으로 판매되어 전용 제품 표준이 된다. 산요와 미디어텍은 DVD플레이어의 부품 플랫폼을 형성했고, 이 플랫폼은 DVD를 생산하는 중국기업들에 받아들여져 전 세계 시장에 진출할 수 있었다.

이러한 부품의 플랫폼 전략으로 인해 산요의 경우 사업의 중점을 DVD 드라이버에서 부품 사업으로 이동함으로써 더 많은 부가가치를 창출할 수 있었다. 한편, 1997년 설립된 신생 기업인 미디어텍은 이 플랫폼 시장에서의 성공으로 오늘날의 명성을 얻을 수 있었다. 미디어텍은 DVD 시장에서의 성공을 바탕으로 GSM 휴대전화 단말기, 디지털TV, 디지털카메라 등 다양한 시장에 진출하면서 플랫폼을 제공해 비록 매출액에서는 인텔, 도시바, 퀄컴 등에 뒤지나 2006년 기준 영업이익률이 40%대를 넘어서는 등 매우 뛰어난 성과를 보이고 있다.

미디어텍은 후발주자의 이점을 충분히 활용해 표준화 선도 기업이 구축해놓은 시장에 전략적으로 한발 늦게 진입함으로써 시장 개척에 따른 위험과 비용 부담을 피한다. 그리고 이들 시장에서 제품이 대량으로 판매되는 시점에 핵심 부품 플랫폼을 제공함으로써 비교적 안정된 수요가 확보된 시장에서 부가가치를 얻고 있다.

표준화 후발주자의 부품 플랫폼 전략

표준화 영역에서 매우 다양한 혁신이 이루어지고 있는 경우라면 다양한 제품들이 시장에서 경쟁하고 있는 셈이다. 이때 소비자들은 혁신을 통합할 수 있는 플랫폼을 환영할 것이다. 이 플랫폼은 소비자들이 혁신의 차이를 인식할 필요가 없도록 만들기 때문이다. 이는 혁신을 추구하는 표준화 선도 기업이 아니라 표준화에 직접 관여하지 않은 표준화 주변 기업일지라도 시장에서 경쟁력을 확보할 수 있음을 보여준다. 표준화 선도 기업들은 시장에서 다양한 혁신을 시도하고, 자사의 기술과 제품이 시장 지배자가 되도록 노력한다. 반면, 표준화 주변 기업은 이들 선도 기업들의 기술 동향과 소비자 반응에 대응해 산업계 내에서 경쟁 우위를 확보할 수 있다.

예를 들어, DVD 드라이버 분야에서는 다양한 표준 규격인 DVD-R, DVD+R, DVD-RAM, DVD-ROM 등이 경쟁을 벌이고 있었다. 이때 호환성이 없는 이 규격들에 종합적으로 대응할 수 있는 DVD SMD(Super Multi Drive)가 다양한 규격으로 인해 혼란에 빠져 있는 소비자들에게 환영받았다. DVD SMD 플랫폼은 어떤 종류의 DVD 규격에도 대응이 가능해 소비자는 규격의 차이를 인식할 필요가 없기 때문이다.

부품 플랫폼 전략은 표준화 후발주자가 취할 수 있는 방안이다. 표준화 선도 기업들이 정해놓은 시장에서 후발주자들은 부가가치의 이동 방향을 정확히 파악한 후, 부가가치를 얻을 수 있는 제품 시스템 영역을 독자적 기술로 구축해야 한다.

재미있는 표준 이야기 ④
CD 용량이 74분 2초가 된 이유는?

1979년 3월 네덜란드의 필립스사 기자회견실은 디지털 음악으로 재생되는 교향곡이 아름다운 음색을 감상하는 사람들로 가득했다. 에디슨이 축음기를 발명한 지 100여 년의 시간이 흐른 후, 오디오 기기업계에 획기적인 변화가 일어난 날이었다. 커다랗고 검은 LP판이 아닌 작고 반짝이는 동그란 것에서 음악을 들을 수 있게 된 것이다. 일본에서도 레이저 비디오디스크를 이용한 디지털 사운드 시스템 샘플 발표로 업계가 떠들썩한 상황이었다(CD 표준 제정 과정은 본문에서 설명했다).

오랜 연구와 노력으로 만들어진 CD도 표준을 정하는 데 최첨단 기술력만 필요한 것은 아니었다. CD를 제작할 때 가장 기본이 되는 것은 음악 재생 시간과 관련 있는 CD의 직경이었고, 이 CD 직경과 용량 표준화의 기준은 바로 베토벤의 교향곡 9번 〈합창〉이었다. 당초 필립스 연구진은 LP판보다 용량이 큰 1시간 분량의 11.5cm CD를 제작하려고 했다. 그러나 회의 중 소니의 노리오 오가 부회장이 음악을 기준으로 삼자며 〈합창〉을 예로 들었다. 당시 베를린 필의 지휘자였던 카라얀의 연주는 66분이 걸렸으나, 필립스의 자회사인 폴리그램에서 취입한 곡과 최상 연주 시간은 74분이었다. 결국 74분 이상의 음악 재생 시간을 담기 위해 직경 12cm CD 표준이 확정되었고, 다른 회사들도 이들의 표준에 따르기로 하여 명실상부한 사실상의 표준이 되었다.

자료 : 한국표준협회 (2007). 《미래사회와 표준》.

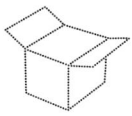

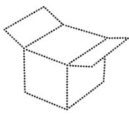

4

표준과 특허

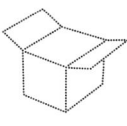

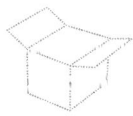

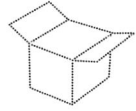

간혹 '미니슈퍼'라는 가게 이름을 볼 수 있을 것이다. 대수롭지 않게 보고 넘어가지만, 곰곰이 생각해보면 이 이름은 함께 쓸 수 없는 단어들로 구성되어 있다. '미니(mini)'와 '슈퍼(super)'는 완전히 반대되는 개념이기 때문이다. 이는 마치 작고도 큰 것이라는 의미로, 철학적 논의의 대상도 아닌 실물로 존재하는 물상으로서는 양립할 수 없는 것이라 하겠다. 물론 현실에서는 이러한 이름이 우리 주위에 버젓이 존재하고 있다.

'표준'과 '특허'의 관계도 이와 비슷하다. 표준은 기술의 확산에 목적을 두고서 누구나 자유롭게 이용할 수 있도록 하는 것이 기본 원칙이다. 반면에 특허는 기술의 독점적, 배타적 권리를 허용하며, 특허권자의 허락 없이는 아무도 해당 기술을 사용할 수 없다. 따라서 과거에는 표준과 특허는 양립할 수 없다고 간주했다.

그러나 근래에 들어 정보기술을 중심으로 기술의 개발에서 실용화까지 걸리는 시간이 짧아지고 있다. 또한 하나의 제품 기술에 여러 지식재산이 포함되며, 네트워크 제품의 경우 상호 운영성 확보에 최신 기술이 요구되고 있다. 표준을 개발할 때 필요한 기술이 특허로 보호되고 있다면, 새로운 기술을 개발해 적용하기에는 너무 많은 시간이 필요하다. 그리고 제품의 표준에 여러 기술이 필요한데 하나의 기술이 특허로 보호되고 나머지 기술은 공개되었다면, 특허를 표준에 포함시키지 않기 위해 새로운 기술을 개발하는 일은 너무 많은 비용을 필요로 한다. 이에 따라 특허로 보호되고 있는 기술일지라도 표준에 포함시킬 수밖에 없는 상황이 발생한다. 오늘날 많은 표준 기술은 특허 기술과 연관을 가지게 되고, 따라서 특허 기술에 대한 전략적 활용이 많은 관심을 끌고 있다.

표준과 특허는 이해관계가 상충하는 것으로 보이나, 기업이 특허를 전략적 관점에서 활용하기 때문에 이런 상충 관계가 항상 심각한 문제를 일으키는 것은 아니다. 소니와 필립스는 수없이 많은 제조업체에 자신들의 CD 관련 기술 특허에 대한 라이선스를 주었고, 현재 근거리 통신망에서 광범위하게 사용되는 이더넷(Ethernet)과 토큰 링(Token Ring)은 제록스와 IBM의 특허를 이용하고 있다. 또한 한국에서 많은 특허를 보유하고 있는 MPEG 표준도 널리 활용되고 있다. 이러한 상황이 가능한 것은 특허권자들이 특허권료를 면제해주거나 합리적인 가격으로 라이선싱을 해주기 때문이다.

그럼에도 불구하고 표준과 특허 간에는 상충하는 요인들이 있게 마련이다. 특히 '필수특허'는 표준과 심각한 문제를 일으킬 수도 있다. 유럽 전기통신표준화기구(ETSI: European Telecommunication Standards Institute)의 정의에 따르면, 필수특허란 기술적(상업적이 아닌) 관점에서 표준화가 이루어지는 시점에 일반적으로 활용 가능한 최신 기술과 보통의 기술 관행을 고려할 때, 해당 지식재산을 사용하지 않고는 표준에 적합한 장비나 방법을 만들고, 팔고, 빌리거나, 폐기, 수리, 사용 혹은 운영하는 것이 불가능한 상태를 말한다.

표준화기구들은 필수특허가 없는 표준의 제정을 선호한다. 그러나 정보통신 분야에서는 실질적으로 이런 경우는 거의 없다고 해도 과언이 아니다. 그에 따라 ETSI는 필수특허가 표준에 포함되는 일이 불가피함을 인정하고 있다. 필수특허와 표준이 상충되어 갈등이 생긴 전형적인 사례가 이동통신 방식인 GSM 표준 제정 과정에서 나타났다. 이는 특허와 관련된 기업의 전략적 자세가 미치는 영향을 보여주고 있다.

01

필수특허, 어떻게 활용할 것인가?

GSM 표준은 시장에서 경쟁을 통해 결정된 것이 아니라 공적인 표준화기구에서 합의를 통해 결정된 표준이다. 따라서 표준에 필수특허가 포함되도록 합의가 이루어진 과정은 매우 독특한 특징을 갖고 있다. 약 20년 전 GSM 시장은 5개 주요 기업들(에릭슨, 노키아, 지멘스, 모토로라, 알카텔)이 독점적 위치에 있었다. 이들이 어떻게 필수특허를 활용해 시장을 지배하게 되었는지 살펴보자.

GSM 방식 이동통신 기술을 개발하는 과정에서 표준이 기술을 전파하는 데 문제가 될 것이라는 인식이 제기되었다. 그에 따라 유럽의 주요 이동통신사들은 너무 많은 사적인 기술을 보함하고 있다는 이유로 독일과 프랑스의 기술적 제안을 거부했다. 그러나 1987년 GSM 기술 그룹과 이들 이동통신사들이 양해 각서를 체결했을 때에는 이미 특허 표준이 GSM

기술에 상당 부분 포함되어 있었다. 그중 약 30개의 특허를 보유한 모토로라가 가장 많은 특허를 갖고 있었다. 다른 필수특허 보유 기업들은 이미 합리적인 조건과 가격에 라이선스를 주겠다고 선언했다.

그러나 미국기업인 모토로라는 특허에 대해 유럽의 기업과는 다른 정책을 갖고 있었다. 모토로라는 자국에서의 여러 특허 관련 소송을 통해 특허권이 기업에 막대한 이익을 가져다줄 수 있음을 알고 있었다. 따라서 GSM 표준이 본격적으로 개발되는 기간 동안(대략 1987년에서 1991년 사이에) 모토로라는 집중적으로 GSM 기술 특허를 확보한 반면, 유럽 기업들은 신사협정을 믿고서 자사 기술에 대한 보호 조치를 충분히 해놓지 않았다. 이에 따라 모토로라는 기술을 보유한 기업들과의 교차 라이선스를 원했고 지멘스, 알카텔, 노키아, 에릭슨이 이에 참여했다. 이와 같은 교차 라이선스는 GSM 방식의 이동통신 시장이 형성되는 데 큰 역할을 했고, GSM 시장이 형성된 이후 약 6년간 주요 경쟁사인 일본기업들이 시장에 진출하지 못하도록 하는 커다란 장벽이 되었다.[1]

이 사례에서 볼 수 있듯이, 아직 시장이 완전하게 형성되지 않은 상태에서 기술력이 있는 기업들이 표준화를 추진할 때 필수특허를 공유하게 되면 시장이 만들어지지 못할 위험을 줄일 수 있다. 이 기업들이 서로 다른 특허 정책으로 인해 개별적으로 시장을 형성하고자 했다면 오늘날의 GSM 시장은 분명히 다른 양상을 띠었을 것이다. 독자적 기술로 GSM

---

1 Bekkers, R., Verspagen, B. & Smits, J. (2002). Intellectual property rights and standardization: the case of GSM. *Telecommunication Policy*, 26, 171~188.

과 다른 표준을 개발한 퀄컴의 경우, 한국이라는 훌륭한 파트너를 만나지 못했다면 하나의 개별 기업에 의한 독자 기술이 시장을 형성하기는 매우 어려웠을 것이다. 또한 GSM에서의 특허의 공유는 일본기업이라는 강력한 경쟁사가 시장에 진입하는 데 일정 기간 높은 장벽으로 작용해 새로이 형성된 시장에서 경쟁력을 유지할 수 있도록 도와주었다.

02

필수특허 전략은
기업에 어떤 영향을 미치는가?

표준의 필요성이 제기되어 표준이 정해지고 확산되는 과정은 '표준화 전(前) 단계', '표준 생성 단계', '표준 확산 단계' 등으로 나눌 수 있다. 앞서 말한 GSM 표준화 관점에서 이들 단계를 보면, 먼저 이동통신을 위한 기본 기술이 정해진 1987년 2월까지를 표준화 전 단계로 볼 수 있다. 이 기간 동안 초기에는 이동통신 표준에 대한 정확한 비전 없이 다양한 기술들이 개발되고 서로 경쟁했다. 그렇지만 나중에 시장 참여자들은 향후 이동통신 표준이 어떠한 목표로 진행되어야 하는지를 명확히 이해하게 되었다.

두 번째 단계는 대략 1987년 2월부터 1991년까지라고 할 수 있는데, 이 단계에서 이동통신 시스템에 어떤 표준이 적용될지를 정확하게 결정하고 제품을 생산했다. 세 번째 단계는 1991년 이후로, 기존의 표준에 새로운 서비스와 내용

● 그림 4-1 **GSM 필수특허와 관련된 기업들의 특허 취득 시점**

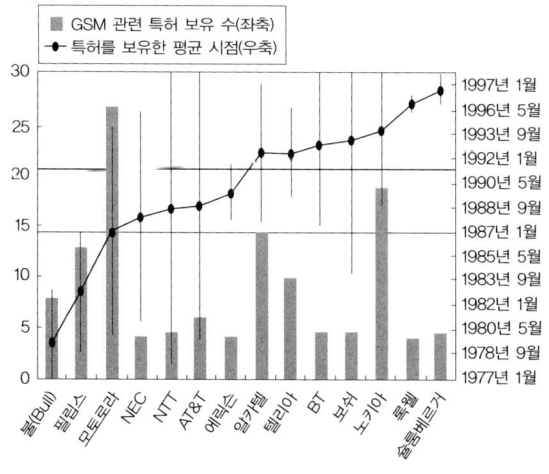

주 : 각 점에 있는 수직선은 평균 시점에서 ±2 표준편차 범위.
자료 : Bekkers, R., Verspagen, B. & Smits, J. (2002). Intellectual Property Rights and Standardization: The Case of GSM. *Telecommunication Policy*, 26, 171~188.

이 개발되고 표준화되었다.

〈그림 4-1〉은 GSM 필수특허에 대한 관련 기업들의 특허 보유 수와 보유 시점 등을 정리한 것으로, 필수특허에 대한 기업의 전략이 기업에 미치는 영향을 잘 보여주고 있다.

먼저 그림의 막대는 해당 기업별 GSM 관련 특허 보유 수(좌축)를 나타낸다. 각 점은 특허를 보유한 평균 시점(우축)을 말하며, 월 단위로 정리했다. 그리고 각 점에 있는 수직선은 평균 시점에서 ±2 표준편차 범위를 보여주고 있다. 따라서 수직선이 길다는 것은 해당 기업의 GSM 관련 기술 활동이 오랜 기간 이루어졌음을 의미한다. 그림에 있는 2개의 수평선은 앞에서 언급한 표준화 활동의 3단계를 구분하는 것으로, 아래 수평선의 밑부분은 표준화 전 단계, 수평선 사이는 표준 생성 단계, 위의 수평선 윗부분은 새로운 서비스가 개발되는 단계를 말한다.

〈그림 4-1〉은 GSM 기술 개발 역사에서 각 기업들의 역할을 이해하는 데 도움을 줄 뿐만 아니라, 필수특허에 대한 기업의 입장에 따라 해당 기업의 시장 위치가 어떻게 변했는지를 알 수 있게 해준다. 먼저 불(Bull)과 필립스는 다른 기업에 비해 일찍 기술 개발을 했으나, 그들의 기술이 표준과 연관이 있을 것이라는 생각은 전혀 하지 못했다. 불의 경우 은행카드와 관련해 특허를 확보하고 있었으나, 시간이 많이 흐른 뒤에야 GSM의 표준으로 채택되었다. 필립스는 자신들의 특허를 아무런 비용 없이 사용할 수 있도록 라이선스를 주었다. 이러한 현상은 표준화 전 단계에서 자신들의 기술이 어떻게 활용될 수 있는지에 대해 아무런 비전이 없었기 때문에 발생한다. 따라서 기업들은 표준화 전 단계에서 시스템의 전반적인 구조에 대한 특허를 확보하거나, 자사가 가지고 있는 특허를 공표하지 않는 게 바람직하다.

반면, 모토로라는 표준이 결정된 시점을 중심으로 많은 필수특허를 보유하게 되었다. 물론 표준화 전 단계에서부터 기술 개발을 했으나, 특허 정책과 관련해서는 앞의 두 회사와 다른 접근을 했다. 모토로라는 자사의 특허 기술을 공개하지 않았을 뿐만 아니라, 다른 기업들이 표준이 확정될 때까지 특허를 출원하지 않고 기다리는 데 반해 매우 적극적으로 특허 활동을 했다. 또한 표준을 생성하는 과정에서 자사의 특허 기술이 필수특허가 될 수 있도록 적극적으로 노력했다.

표준 생성 단계에서 특허 활동에 집중한 NEC, NTT, AT&T 등은 안타깝게도 GSM 시장에서의 위치를 강화하기 위해 자사의 특허를 활용하지 않고 D-AMPS, PDC 등과 같은 다른 방식의 이동통신 표준에 초점을 두었다. 이에 따라 모토로라는 필수특허에서 다른 기업들보다 훨씬 앞서 매우 강력한 위치를 확보할 수 있었다.

세 번째 단계인 표준 확산 단계에서 그동안 뒤처져 있던 기업들이 기술 개발과 특허권 확보에 적극적으로 참여하기 시작했다. 그중에서도 특히 노키아와 알카텔이 많은 필수특허를 확보했다. 그런데 단순히 신사협정을 믿었기 때문에 이들 기업이 두 번째 단계인 표준 생성 단계에서 적극적으로 활동하지 않았던 것은 아니었다. 노키아의 경우에는 2단계 시점까지 이동통신 분야가 주력이 아니었기 때문에 기업의 전략적 우선순위에서 밀려 있었다. 그리고 알카텔은 초창기부터 이동통신 기술 개발에 적극적이었으며 개발한 기술이 독일-프랑스가 제안한 기술의 토대가 되었으나, 앞의 사례에서 언급한 대로 협상 과정에서 기각되는 바람에 완전히 새로운 기술을 개발해야 했다. 따라서 기초 기술보다는 제품 개발에 집중할 수밖에 없었다.

  모토로라는 GSM의 필수특허를 다수 보유하면서 정보통신 산업계의 표준화 과정에 교차 라이선스 제도를 도입해 매우 극적으로 변화시켰고, 이를 통해 상당 기간 시장에서의 위치를 강화할 수 있었다. 교차 라이선스에 참여한 다른 4개 기업들도 GSM 기반 시설 시장과 휴대전화 시장을 초기에 장악해 상당한 수익을 올릴 수 있었다. 따라서 아시아나 북미의 기업들은 GSM 시장이 형성된 지 5년이 지나서야 점진적으로 시장의 일부분을 차지할 수 있었다.[2]

---

2 *Ibid.*

# 03

특허와 표준화, 어떻게 절충할 것인가?

기술력이 있는 기업의 경우, 기술에 대한 독점적 권리를 보장받을 수 있는 특허 및 기술 보급을 위해 필요한 표준화를 자사의 이익 극대화를 위해 어떻게 절충해야 하는가가 매우 중요한 질문이 된다. 물론 정보통신 기술의 경우, 앞서 논의한 대로 필수특허가 표준에 포함됨으로써 해당 기술을 보유한 기업은 산업계 내에서 우월적 지위를 즐길 수 있다. 그러나 다른 제품 분야에서는 필수특허가 일반적인 것이 아니므로 특허 영역과 표준 영역에 대한 전략적 접근이 필요하다.

특허권은 기술을 감추기 위한 것이 아니라 공개하기 위한 제도이다. 다만, 특허권은 기술의 배타적 사용을 허용하기 때문에 표준과 달리 누구나 사용할 수 있는 것은 아니다. 따라서 특허로 보호받는 기술을 어떤 식으로 개방하느냐는 표준화 범위에 따라 시장 확대 속도와 경쟁 강도가 결정되는 것과 같은 논리적 접근이 가능하다.

일반적으로, 기술에 대한 개방도가 높으면 시장은 확대되지만 경쟁이 심화되어 기술을 보유한 기업의 시장 점유율은 줄어들게 된다. 반면, 개방도가 낮으면 기술을 보유한 기업의 시장 점유율은 높아질 수 있으나 시장의 규모는 커지지 않는다. 이러한 논리에 따라 표준화의 범위가 커지면 커질수록 경쟁은 치열해지고 표준화를 주도한 기업의 시장 점유율은 떨어지게 마련이다. 마찬가지로, 특허 기술의 개방 조건은 시장 확대와 경쟁 강도에 영향을 미치는데, 이때 특허는 표준과 다르게 특허권을 가진 기업이 개방의 대상과 조건을 결정할 수 있다. 그런 면에서 특허와 표준은 갈등을 빚을 수밖에 없다. 따라서 특허 기술의 개방과 관련된 의사결정에는 더욱더 전략적으로 접근해야 한다.

보통, 표준과 특허의 갈등을 절충하는 방안은 시장 확대를 위해 표준화 영역을 설정하고, 그 외의 부분에서는 특허를 이용해 차별화를 위한 기술을 보호하는 것이다. 앞서 예를 든 DVD플레이어 시장의 경우, 일본기업의 주도로 표준화가 이루어졌다. 이를 통해 우수한 생산 시스템을 갖고 있는 한국의 삼성전자와 LG전자가 세계 시장에서 높은 점유율을 보이고 있으며, 저가 상품 시장에서는 중국기업들이 두각을 나타내고 있다. 따라서 DVD플레이어 완성품 시장에서는 표준화를 주도했던 일본기업들이 충분한 수익을 올리고 있다고 보기 힘들다. 그러나 많은 일본기업들은 컨트롤 칩셋, 광픽업, 레이저 다이오드 등 DVD플레이어의 핵심 부품에 대한 기술을 특허로 보호하거나, 아예 블랙박스로 두어 비공개로 하면서 대부분의 세계 시장을 점유하고 있다. 이와 같은 전략은 표준화를 통해 시장을 확대하고, 더욱이 기술의 비공개로 차별화된 부품을 제공함으로써 표준과 특허를 성공적으로 절충한 것이라 하겠다.

한편, 특허 기술을 무료로 개방해 이들 기술이 표준이 되도록 함으로써 관련 시장을 성장시키고, 자사의 핵심 기술은 완전히 비공개로 하여 시장을 지배하는 경우도 있다. 앞서 언급한 덴소웨이브의 경우 2차원 바코드 판독과 관련해 수십 개의 특허가 있지만, 대부분이 바코드 범용의 것으로 어떤 회사의 2차원 바코드에도 적용할 수 있다. 따라서 덴소웨이브의 기술을 이용한 2차원 바코드가 시장의 표준이 되고, 이를 오류 없이 읽을 수 있는 덴소웨이브의 리더기가 시장을 지배하고 있다. 덴소웨이브는 이 리더기에 대한 기술을 완전히 블랙박스화해 다른 기업에 라이선스를 주지 않고 있다.

재미있는 표준 이야기 ⑤
생활의 질 향상시키는 참조 표준

'참조 표준'이란 정확하고 신뢰할 수 있는 수치로, 많은 분야에서 사용될 수 있는 표준 데이터를 말한다. 예를 들어, 한국표준과학연구원(KRISS)에서 제공하는 '한국인 인체 치수 참조 표준'은 약 2만 명에 달하는 한국인의 키, 가슴둘레, 몸무게 등 300여 개 치수 데이터를 수집해 만든 것으로, 우리 국민들의 일상생활에 필요한 제품에 인체 치수가 필요한 경우 믿고 활용할 수 있다. 한국 남자들이 기성복을 사 입어도 크게 불편하지 않은 이유는 이 참조 표준 덕분이다.

선진국들은 자신들이 확보한 참조 표준을 기술 자산으로 관리해 해외 유출을 제한하거나, 비싼 가격에 판매하기도 한다. 의료 분야의 경우 심장에서 머리로 피를 보내는 목 부위 혈관인 경동맥 두께의 참조 표준은 심장마비나 뇌경색 등과 같은 질환을 조기 진단하는 데 유용하다. 미국에서는 이에 대한 참조 표준을 확보해 2000년부터 사용하고 있으나, 한국의 경우 2006년부터 참조 표준 개발을 진행하고 있다. 우리가 미국의 참조 표준을 활용할 경우, 평균 치수가 서로 다르기 때문에 관련 질환을 조기에 정확히 진단하는 일은 어려울 수밖에 없다. 반면, 우리 고유의 참조 표준을 확보한다면 질병을 조기 진단하고 오진을 예방하는 등 삶의 질을 높일 수 있을 뿐만 아니라, 의료 분야의 비용도 사회적으로 절감할 수 있다.

에필로그

문제는 비즈니스 모델이다

우리는 근자에 들어 표준화를 중요한 화두로 이야기하고 있다. 기업은 자사의 기술을 표준화시켜 기업 경쟁력을 확보하고자 하고, 정부는 이런 기업들의 표준화 활동을 적극 지원하고 있다. 그런데 표준화라는 것은 기본적으로 기술 공개를 의미하고, 마찬가지로 특허도 기술 공개를 전제로 하고 있다. 이런 기술의 공개는 경쟁의 강화를 불러오고, 그에 따라 기업의 수익률은 떨어지게 마련이다. 그럼에도 불구하고 표준화를 강조하는 주요 이유는 앞서 보았던 많은 기업들의 성공적인 사례에서처럼 표준화를 시장 지배력을 강화하는 중요한 수단으로 생각하기 때문이다.

시장 지배를 위해서는 시장에 먼저 진입하는 것이 중요하다고 본다. 시장이 초기에 형성될 때 자사의 기술력을 이용해 시장에 먼저 진입함으로써 타사가 시장에서 경쟁력을 확보하기 전에 시장을 선점한다는 논리이다. 쉬 말해, 최초 진입자가 되어 시장에서 여러 가지 이점을 누리자는 것이다. 그러나 이미 앞에서도 논의되었듯이 시장 개척자와 시장 지배자 간에는 같은 논리가 적용되지 않고 있다.

마이크로소프트(MS)를 보자. MS는 컴퓨터 시장을 지배하는 기업이다. 그런데 우리가 알고 있는 주요 MS의 제품 시장 중 MS가 개척한 시장은 없다. 먼저 운영체제의 경우, MS는 독자적으로 제품을 개발해 시장을 개척한 것이 아니라 이미 있는 시장에서 기술을 구입해 MS-DOS를 개발했다.

오늘날 스프레드시트의 대명사인 엑셀의 경우에도 최초의 프로그램은 비지칼크(VisiCalc)였으며, 곧이어 비지칼크를 개선한 슈퍼칼크(SuperCalc)가 나왔다. 그 후 공전의 히트를 기록한 로터스 1-2-3이 시장을 지배했으나, 곧바로 MS가 비슷한 명령 구조를 가진 엑셀을 선보였다. 이에 로터스는 소송을 제기하는 등 여러 수단을 강구했으나, 결국 MS의 엑셀이 윈도의 힘을 등에 업고 시장에서 승리하게 되었다.

마찬가지로, 워드프로세서의 경우 워드스타(Wordstar)가 시장을 개척했지만 정작 크게 각광을 받은 것은 워드퍼펙트(WordPerfect)였다. 그러나 MS는 다른 경우들처럼 윈도의 힘을 배경으로 워드(Word)를 시장 지배자로 만들었다. 같은 논리가 데이터베이스 관리 시스템에도 적용되었다. MS는 결국 시장에서 가장 환영받던 애시튼테이트의 dBASEIII를 무너뜨리고 엑세스(Access)를 오피스에 첨부시켰다.

이처럼 시장을 먼저 개척하는 것이 시장을 지배하는 데 꼭 필요한 요소는 아니다. 물론 시장을 개척하는 경우, 지배할 수 있는 확률도 높아진다. 그리고 시장을 지배하면 기업이 그 시장을 통해 충분한 수익을 올릴 수 있다는 데에는 이견이 없을 것이다.

표준화를 통해 시장을 지배한다는 것은 결국 시장을 개척한다는 뜻이 아니라, 표준화를 이용해 시장의 확대를 꾀하고 동시에 자사의 비즈니스 모델로 충분한 수익을 지속적으로 올리는 것을 말한다. 표준화를 선도하는 기업이 자사의 수익을 확보할 수 있는 비즈니스 모델을 갖고 있지 않다면 단순히 시장을 확대시키는 역할만 하고 사라질 것이다.

지금까지 이야기했듯이 표준화와 관련된 것이든 특허와

관련된 것이든, 기업의 성과는 그 기업이 갖고 있는 비즈니스 모델에 달려 있다. 표준화를 추진하는 기업의 비즈니스 모델이 표준화 이후의 시장 상황을 충분히 예상하고 대응할 수 있어야 그 기업은 진정한 표준화의 과실을 즐길 수 있다. 자사의 기술을 표준으로 만드는 그 자체만이 표준화의 목적이라면, 이는 표준화를 추진하는 정당한 이유가 될 수 없다. 마찬가지로, 특허를 보유하는 것만으로는 비즈니스가 이루어질 수 없다. 어떤 비즈니스 모델에 이들 표준과 특허를 어떻게 활용하느냐에 따라 기업의 성과는 확연하게 차이가 난다. 그래서 비즈니스 모델이 문제인 것이다!

한국정부도 한국기술의 국제 표준화에 많은 관심을 쏟으며 지원을 아끼지 않고 있다. 현재로서는 한국의 기술 가운데 국제 표준이 된 사례가 너무 적기 때문에, 기술 수준을 향상시키기 위해 국제 표준이 된 기술 건수에 비중을 두고 지원하고 있다. 물론 현재 한국의 상황에서는 이와 같은 추진 전략이 시기적으로 필요함을 부인할 수 없다.

한국정부는 국제 표준화가 중요한 이유로 국제 표준에 한국기술을 필수특허로 넣음으로써 로열티를 받을 수 있음을 내세운다. 아주 쉬운 예를 들면, MPEG 기술의 국제 표준화로 한국기업들이 받는 로열티 수입을 언급하며 국제 표준화의 중요성을 강조하고 있다. 물론 이들 기업의 로열티 수입도 무시할 만한 금액은 아니다. 그러나 산업계에 미치는 영향을 생각하면 국제 표준화의 중요성은 그 이상이다.

한국기업들이 자사의 기술을 국제 표준으로 만들면서 동시에 적절한 비즈니스 모델을 확보한다면 그로 인한 수입은 로열티 정도는 비교도 되지 않을 것이다. 따라서 한국정부도 한국기술의 국제 표준화에 어떠한 비즈니스 모델이 가능한지 관심을 기울이고, 선택과 집중에 의한 선별적, 집중적 지원을 해야 할 것이다.

참고문헌

- 기술표준원 (2008).《2007년 기술표준백서》.
- 김상배 (2007).《정보화시대의 표준경쟁》. 한울아카데미.
- 마르키데스, 콘스탄티노스 & 게로스키, 폴 (2005).《Fast Second : 신시장을 지배하는 재빠른 2등 전략》(김재문 역). 리더스북.
- 한국표준협회 (2007).《미래사회와 표준》.

- Bekkers, R., Verspagen, B. & Smits, J. (2002). Intellectual Property Rights and Standardization: The Case of GSM. *Telecommunication Policy*, 26, 171~188.
- Callon, J. D. (1996). *Competitive Advantage through Information Technology*. McGraw Hill.
- Hill, C. W. L. (1997). Establishing a Standard: Competitive Strategy and Technological Standards in Winner-Take-All Industries. *Academy of Management Executive*, 11(2), 7~25.
- Iansiti, M. & Levien, R. (2004). *The Keystone Advantage*. Harvard Business School Press.
- Katz, M. L. & Shapiro, C. (1985). Network Externalities,

Competition and Compatibility. *American Economic Review*, 75(3), 424~440.
- Schilling, M. A. (2002). Technology Success and Failure in Winner-Take-All Markets: The Impact of Learning Orientation, Timing and Network Externalities. *Academy of Management*, 45(2), 387~398.
- Shapiro, C. & Varian, H. R. (1999). The Art of Standards Wars. *California Management Review*, 41(2), 8~32.
- Shintaku, J. & Eto, M. (2008). *Strategic Use of Consensus-based Standards*. Tokyo: Nikkei Publishing.

삼성경제연구소가 SERI 연구에세이 시리즈를 발간합니다.

SERI 연구에세이는 우리시대의 과제에 대한 지식인들의 직관과 지혜, 그리고 통찰력을 담아 한국 사회가 가야 할 방향을 밝히고 구체적인 정책대안을 제시하는 메시지입니다.

- 001 동북아로 눈을 돌리자 | 남덕우
- 002 CEO 칭기스칸 - 유목민에게 배우는 21세기 경영전략 | 김종래
- 003 영어를 공용어로 삼자 - 복거일의 영어 공용론 | 복거일
- 004 늙어가는 대한민국 - 저출산 고령화의 시한폭탄 | 이현승·김현진
- 005 미-중관계의 변화와 한반도의 미래 - 위기로 맞을 것인가, 기회로 활용할 것인가 | 한광수
- 006 우마드Womad - 여성시대의 새로운 코드 | 김종래
- 007 디지털권력 - 디지털기술, 조직 그리고 권력 | 장승권 외
- 008 차이의 경영으로의 초대 - 지식창조와 학습을 위한 시스템 사고 | 유재언
- 009 지식점프 - 지식창조의 금맥을 찾아서 | 이홍
- 010 천년전의 글로벌 CEO, 해상왕 장보고 | 한창수
- 011 차이나타운 없는 나라 - 한국 화교 경제의 어제와 오늘 | 양필승·이정희
- 012 투 더블류ww 중심권 신세계 질서 | 하인호
- 013 새 한국형 경제운용시스템을 찾아서 | 정문건·손민중
- 014 정의로운 체제로서의 자본주의 | 복거일
- 015 보수·진보의 논쟁을 넘어서 | 현승윤
- 016 왜 우리는 비싼 땅에서 비좁게 살까 - 시장경제로 풀어보는 토지 문제 | 김정호
- 017 독일 경제위기를 어떻게 볼 것인가 - 사회적 시장경제체제와 슈뢰더의 개혁정책 | 오승구
- 018 당신의 인생을 이모작하라 - 생물학자가 진단하는 2020년 초고령 사회 | 최재천
- 019 사들이는 중국, 팔리는 한국 - 중국기업의 글로벌화와 한국기업의 대응 | 김익수
- 020 CEO는 낙타와도 협상한다 | 안세영
- 021 핵폐기장 뒤집어보기 - 도마(Defend Only My Area) 위에 오른 위험 | 조성경
- 022 기업범죄, 어떻게 예방할 것인가 | 김영헌
- 023 글로벌 CEO 누르하치 - 중국을 M&A한 오랑캐식 경영전략 | 전경일
- 024 한국의 반미, 대안은 있는가 | 심양섭
- 025 카론의 동전 한 닢 - 정갑영의 新국부론 | 정갑영
- 026 세계화 시대의 공력功力 쌓기 - 대중교육의 새로운 패러다임 | 김용호
- 027 21세기 한국, 왜 러시아인가? - 러시아의 잠재력과 한국의 대러정책 | 홍완석
- 028 복잡계로 풀어내는 국제정치 | 민병원
- 029 지식재산 전쟁 - 한국의 특허경쟁력과 대응전략 | 정성창
- 030 한국형 생산방식, 그 가능성을 찾아서 | 이영훈
- 031 로비의 제도화 - 정치 시장의 자유화를 위하여 | 조승민
- 032 광개토태왕과 한고려의 꿈 - 고구려적 세계와 미래한국 비전 | 윤명철
- 033 한국의 이동통신, 추격에서 선도의 시대로 | 송위진
- 034 휴먼 네트워크와 기업경영 | 정명호·오홍석
- 035 한국 헬스케어산업의 미래 경쟁력 | 윤인모
- 036 한류, 글로벌 시대의 문화경쟁력 | 박재복